[醫療]
MEDICAL
[人文]

# 校園裡長出了一棵向日葵

～慈濟大學見晴醫療服務隊十年～

吳宛霖——著

**上圖：**「慈濟大學看見晴天醫療服務隊」走過漫長十年，熱忱的心，依然不變。圖為 2008 年第一屆隊友合影，背景是見晴國小司令台。**註**

**下圖：**因為走進部落，一群醫學院的學生與部落孩子們從陌生到想念，攜手踏上了充滿驚喜的學習旅程。左起為 MED96 林書蔓、MED93 許喬琳、MED96 彭瓊慧。

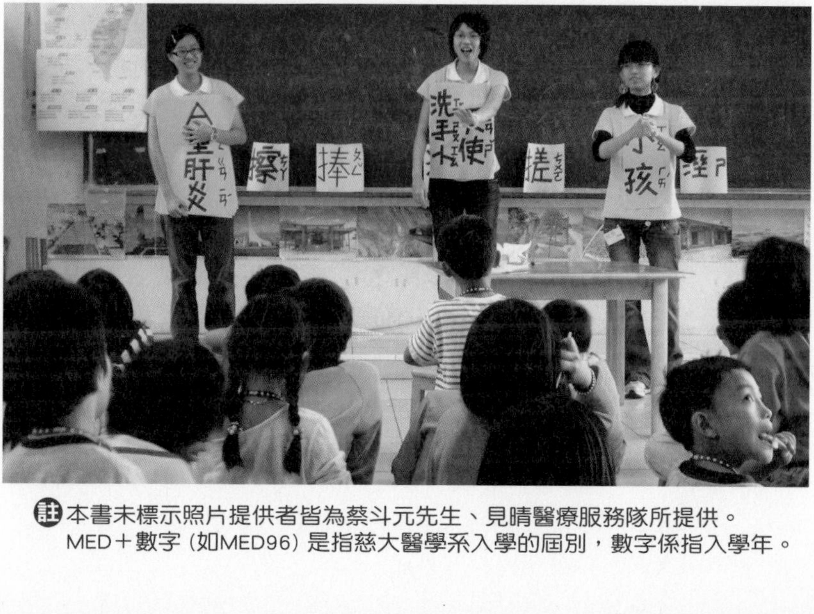


**註** 本書未標示照片提供者皆為蔡斗元先生、見晴醫療服務隊所提供。
MED＋數字（如MED96）是指慈大醫學系入學的屆別，數字係指入學年。

**上圖：**為第一屆至銅蘭國小服務的隊友（圖 / 陳則睿提供）。

**下圖：**每次出隊前總有完備的幹部訓練，從課程講座、團體動力、教材教具研擬、說唱練習等樣樣都得詳實準備。

**上圖：**2009 年，寒假出隊前的訓練之一——破冰活動。

**下圖：**見晴醫療服務隊出隊前的訓練，透過戰車大哥（慈大附中徐振家老師）的教學，學習團隊溝通與團康活動的帶領技巧。

**上圖**：這群大學生在醫學院繁忙的課業中，願意付出、彼此扶持，因而建立起難得的革命情感。

**下圖**：每次出隊前舉行宣誓儀式，承諾遵守團體規則，成為孩子們的良好典範。帶領宣誓者為值星官 MED93 詹津祐。

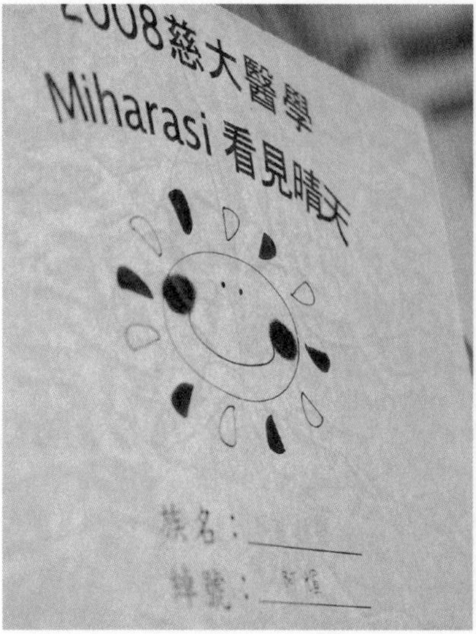

**上左**：營隊的工作手冊。**上右**：給孩子的學習手冊。

**下左、下右**：團隊總是在營隊開始的前一天抵達見晴國小，一一將物資搬運至校內，確認空間與儀器，同時也再加強排練。圖為 MED93 盧致穎（下左）、 MED96 許煥（下右）。

**上圖**：2008 年見晴醫療服務隊寒假營隊的開營典禮。

**下圖**：多元豐富的課程設計，總讓孩子們投入其中。隊員左起為 MED95 蔡于捷、陳睿安及 MED92 林進偉。

**上圖**：每次出隊前，見晴服務隊會針對課程準備各種道具及教具，讓孩子們寓教於樂。

**下圖**：孩子們最期待的就是寒假營隊每天的早操帶動唱，大哥哥大姊姊總將時下的流行歌曲，編入舞蹈，一起歡樂唱跳。

**上左**：營隊期間，簡單豐盛且環保的餐食。左起為 MED94 林偉琳、陳亨翔、譚可筠與 MED96 林廉捷。

**上右**：MED94 林偉琳帶著孩子玩多人跳繩的遊戲。

**下圖**：MED96 鄭雋蒔帶孩子以紙黏土創作。

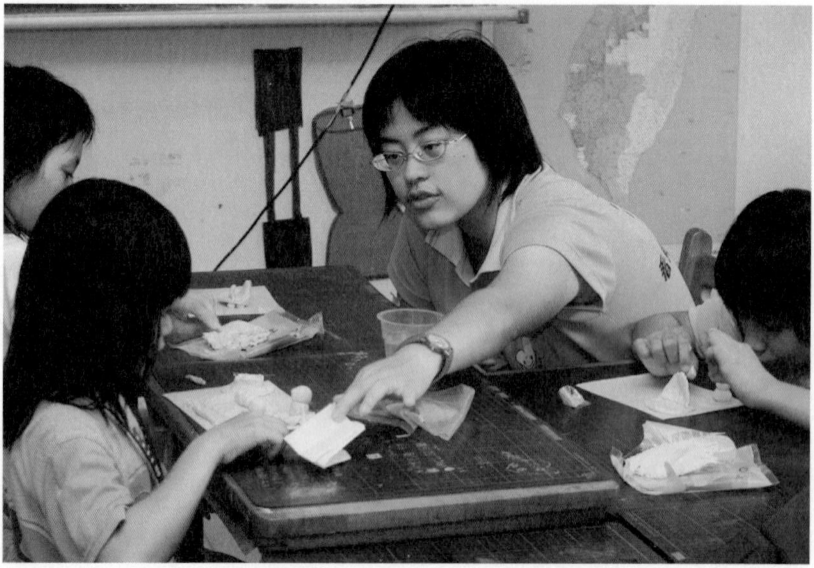

**上圖：**每節活動結束的中場休息，隊輔們都需點名集合自己的小隊。左起為 MED97 郭彥辰、石運儒、鄭毓璋、阮柏凱。

**下圖：**MED96 吳盈瑩帶學童透過火車過隧道的活動，學習團隊合作。

**上圖**：MED93 潘力銘生動地教小朋友認識人體器官。
**下圖**：透過遊戲體驗為學童加強基礎衛教觀念，減少孩子就醫的恐懼。圖為瞳孔反射檢查，右起為 MED94 林偉琳、MED95 黃冠儒。（圖 / 慈濟基金會提供）

**上圖**：透過量血壓教學，減少小朋友就醫恐懼及學以致用。
隊員右起為 MED96 劉祐彰、陳曉雯與 MED93 盧致穎。
**下左**：教小朋友如何使用三角巾包紮。
**下右**：孩子教大學生唸太魯閣族語。　（圖 / 慈濟基金會提供）

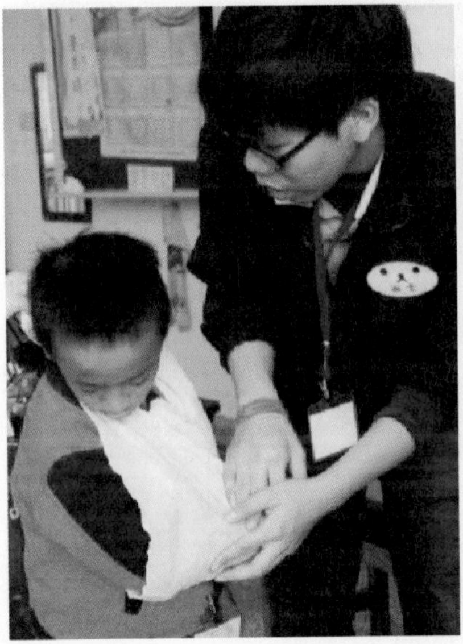

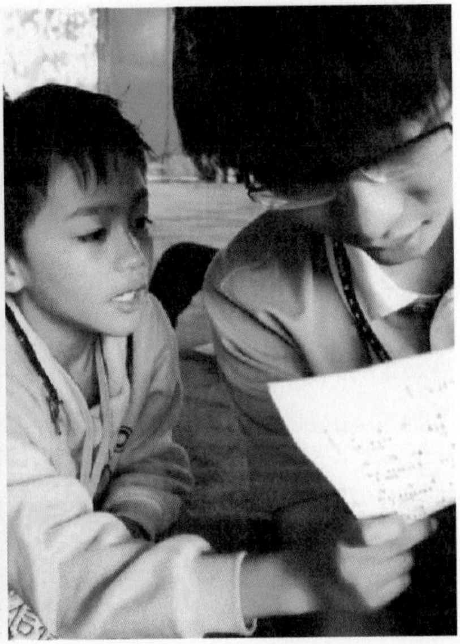

**上圖：**見晴社區原住民何寶樹阿嬤（左一）指導服務隊的同學們如何製作竹筒飯。（圖 / 慈濟基金會提供）

**下圖：**2008 年晚會現場，見晴服務隊大學生為社區及部落孩子們舉辦溫馨歡樂的營火晚會。

**上圖：**見晴服務隊也安排了大學體驗及認識各行各業之旅，圖為帶孩子們到慈濟大學的廣播實習電臺。

**下圖：**服務隊因家訪發現一位孩子有視力障礙，而邀來當時花蓮慈院眼科的許明木醫師前往部落看診，後續亦安排至花蓮慈院就醫，讓孩子重拾光明。（左起為李健瑋、潘哲毅、許明木醫師、王曰然老師、蔡斗元及陳其延）

**上圖**：見晴服務隊設計的「社區地圖」課程，是由孩子主導，帶大學生認識美麗的部落，也一起清掃家園。

**下圖**：見晴服務隊對學童的關愛甚至擴展至社區，提供社區家庭衛教，也將免費的健康諮詢帶進社區。（圖 / 慈濟大學提供）

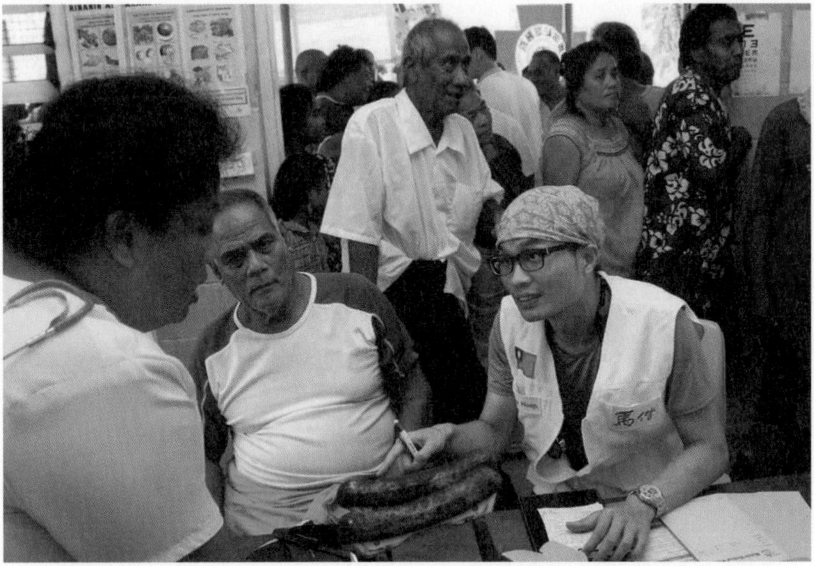

**上、下左、下右：**當年的醫學生，成為醫師後也前往偏遠之處服務義診。牛光宇醫師（上圖）2016 年曾在太平洋島國吉里巴斯的中央醫院服務，並建立當地第一所加護病房。盧星翰醫師（下左）參與2017年臺東義診。蔡斗元醫師（下右）2016 年在非洲布吉納法索的偏鄉 Karba 義診。

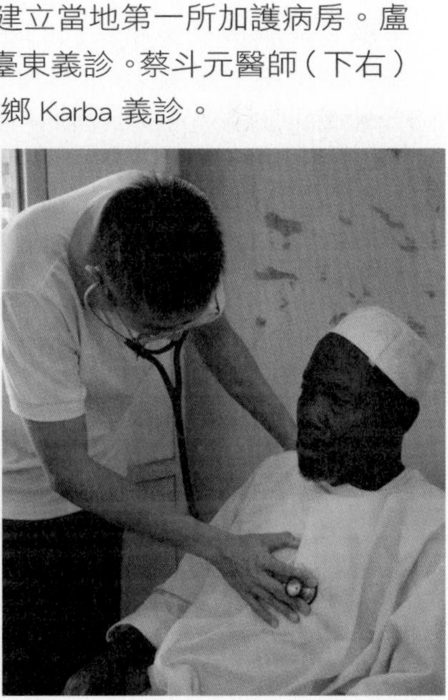

**上圖**：2008 年慈大醫學系第一次於見晴村舉辦寒假育樂營，營隊結束後當晚，團隊幹部為工作人員們舉辦慶功晚會並頒發證書感謝參與。

**下圖**：見晴服務隊新生代的學弟妹仍如小太陽般，將愛與熱情不斷延續，圖為 2018 年寒假營隊團體照。

【推薦序】

# 在同一生命歷程上激盪

衛福部國民健康署署長、前慈濟大學人文醫學科主任　**王英偉**

一切因緣是從原住民部落服務開始的。看了《校園裡長出了一棵向日葵》書中記錄的點點滴滴，不禁回想起在大學時，與書中同學同樣年齡的自己。當時，我參加臺大的慈幼社山地服務隊，服務地點同樣是在東部，我們是在臺東海端鄉。在原鄉的服務，改變了一個年輕學生的未來，原民社區的幾個禮拜，心中已燃起日後對偏鄉服務的意願，猶記得畢業後申請臺大家醫科住院醫師時，在面試中主任問了我三個問題，其中一個問題，是問我將來要去哪裡服務，那個時候我不假思索，便說未來要在東部服務，當時慈濟醫院還沒有成立，我在臺大家庭醫學科受訓結束後，花蓮慈院成立了，我便來此服務，一轉眼也快三十年了。那個時候臺大家醫科主任謝維銓教授，常跟我們年輕的住院醫師強調，醫療服務只是一種手段，最主要是要社區民眾能得到健康。

三十年前剛到花蓮時，證嚴法師期待我們能替偏鄉的原住民服務，我希望能以有效的方式推動，發現當時的臺灣省政府也有巡迴醫療，方式是定點定時可是不定人的模式，所以每一個醫師輪到巡迴醫療時，大都以旅遊的心情出去，很快把病人看完，無法與民眾建立良好固定的醫病關係，而且能到巡迴醫療定點的民眾，都是比較健康的，而真正生病的反而沒辦法去看診。因此慈濟在發展偏鄉巡迴醫療時，是以定時定點，以及固定醫師的模式，讓民眾能獲得持續的照顧，以便建立熟悉的醫病關係，同時亦會進行偏鄉的家訪，對行動不便者提供探視，這是社區服務的第一步。除了提供義診醫療外，第二年我們的志工與護理師同時在另一間教室為小朋友作衛教，訓練社區高年級同學作為我們的探子，每天替我們在社區觀察，當巡迴醫療團隊每週固定到達時，馬上向我們報告社區長者的健康狀況，作為我們主動家訪的對象。很多文獻指出，要幫助弱勢民眾脫離貧窮線，最有效的方式不是單純的給予，只有教育才能幫助窮人超出貧窮線。

剛開始參與巡迴醫療時，心裡常有個疑問，我們每次來回四小時，看的個案亦有限，那是否符合成本效益，還有那麼多的人怎麼辦，但證嚴法師常跟我們提醒，要尊重所幫助的每一個人，被幫助的那個人，對他來講已經是一個重大的改變；而我們能幫助到別人，對自己更是很大的收穫。

大學時代的偏鄉社區服務，讓我看到在實驗室與醫院所看不到的不同健康層面，世界衛生組織所強調的健康不平等（Health inequality），以及社會因素對健康的影響（Social determinants of health, SDH），在原鄉部落處處可見，學生在醫療場域（如醫院、診所）看到的是病，在社區裡看到的卻是環境、社會、文化對健康的影響，並不是每一個人都可以上醫醫國，但至少透過參與服務與人文關懷，日後可以做到醫人而不是只有醫病的境界。

多年前與剛從美國回慈濟醫院服務的林俊龍執行長，一同推動成立慈濟人醫會，其實心裡面想著，希望有一天我們在學的學生也可以參與，很高興慈大已有不同的社團參與社區的服務，特別是在原住民部落。當年，見晴服務隊請我分享自己過去的經驗時，我以海星的故事【註】與同學分享，因為這是個人很重要的生命感受，尊重每一個我們遇上的生命、走入社區、長時間的互動、以教育幫助每一個原住民的小朋友⋯⋯，曾經在見晴服務的同學，我們好像已是在同一生命的歷程上激盪。

【註】王英偉醫師經常勉勵學生的「撿海星的故事」：一對父子走在沙灘上，父親沿路將被海浪打上岸的海星丟回海裡，孩子問父親，每次被沖上岸的海星這麼多，把這幾個海星丟進海裡，有什麼意義呢？父親微笑回答他：「或許對其他的海星沒有意義，但是對我手裡這個海星，牠的生命從此不同。」

【推薦序】

# 點亮偏鄉部落的光與愛

銅蘭國小校長、前見晴國小教導主任 **許壽亮**

「若想成為人群中的一股力量，便須培養熱忱。人們因你心懷熱忱而更喜歡你；而你也得以逃離枯燥不變的機械式生活，無往而不利。不會有別的，因為人類的生活就是這樣，把靈魂放入工作之中，你不僅會發現每天中的每小時都變得更愉快，而且會發現人們都相信你，恰如我們接觸發電機時相信電那樣。」

——約那桑·歐登·阿摩爾

離開見晴國小六年之久，慈濟醫療法人人文傳播室的楊金燕組長致電邀請撰寫慈濟大學見晴醫療服務隊出版新書序文，當時爽快答應之際，內心浮現曾在見晴國小所經歷的教育行動實踐歷程，是擔任教師生涯成就之高峰，拜讀《校園裡長出了一棵向日葵》初稿內容，每每看到熟悉的回憶場景、人物、事件、體驗都頓時讓我泛著淚水重複閱讀，十年之後，看到這群慈濟大學生的蛻變成長，也看到熟悉面孔孩子長大的同理付出，真心感動，曾幾何時我也同樣是熱血老師，也曾積極努力付出，過程中面對失望難過甚至無奈消極，但仍秉持做對的事，以專業的判斷給孩子舞臺與機會。

「見晴」這名稱容易讓人聯想「看見晴天」，應該是抒發憂鬱心情的好所在，但這部落卻不是，人口外流嚴重、隔代教養戶數多、家庭教育功能不彰、更沒有特別的觀光景點或生態資源。萬榮鄉見晴國小算是我服務教職生涯最多年的學校，一直將這裡當成是第二個故鄉，從教師轉任教導主任時，就有強烈的觀念就是「教育非立竿見影，要灌溉、滋潤、扶持、導引，小樹才能孕育成大樹」，重要的關鍵在於「歷程」中付出努力。我們曾經面臨學力檢測檢討與校園性別事件的重大教育困境，抽絲剝繭界定問題、尋找解決策略，資源最多的場域還是在學校。每年近壹仟伍佰萬的經費養一間學校，如果不好好善用校園的專業師資、行政團隊、硬體設備，豈不是太浪費資源，當時，我們學校團隊一致共識拋開社區與家庭的負面能量，轉為最安定、最穩健、最永續的學校，展開一系列的介入性策略及活化的教育課程，我們從人文的角度創造見晴的品牌，以跨領域的主題課程改變教師單打獨鬥的觀念，成立新白楊（見晴舊名）資訊文化專業社群，從二〇〇七年至二〇一二年指導高年級學童參與臺灣區及國際區的「文化主題網站建置」競賽，呈現孩子走出教室的自主學習能力，結合在地的生活題材，創造有價值的課程內容，因屢戰屢勝，師生曾兩度在總統府接受最高殊榮的表揚，也成為花蓮縣教育圈見晴高峰的美名。

對許多學校的行政人員來說，最想休息的時間就是寒暑假及假日，如果在這期間辦活動，可想而知常被「婉拒」的原因，可以看到慈濟大學見晴醫療服務隊在這十年中碰到的無奈與困境，當時自己身為太魯閣族的學校主任，也認為學校引進資源就是給孩子多元學習、增廣見聞、拓展視野的機會。書中，見晴醫療服務隊的創辦人——牛光宇的座右銘與信念是：「如果是做正義的事，大家都會幫助你！」「我自己對這塊土地有了不一樣的感情，感覺有了『責任』，覺得自己不再是一個過客，而是努力成為他們一分子。」或許是我們都有同樣的驅動力，所以與學校校長溝通後承接引進這樣的活動，主動介紹學校場域、軟硬體設備、社區人力支援及學生特質背景，甚至一起參與學生志工培訓的課程及活動的流程。

慈濟大學見晴醫療服務隊開創始祖的崇高理念，讓自發自主的團隊往前邁進並凝聚更強的向心力。後來接觸的隊長中，盧星翰及蔡斗元更積極讓見晴醫療服務隊轉型，提供見晴學童更多嘗試，特別是到慈濟大學參觀，或因著孩子的志願喜好所安排的體驗活動，都讓學校教師及家長們給予正面的肯定與讚揚，更欣喜的是鎖定追蹤這群學童未來的人生發展，讓慈濟大學見晴醫療服務隊一路走來始終堅持的信念，回饋出最堅若磐石的價值。

打開學校的大門任由這群熱忱的醫學院大學生揮灑專業、實踐理念與凝聚力量是正確的，他們背後所經歷的事情讓人為之動容，這是花蓮偏鄉經典的可歌可泣故事。現已擔任五年的校長年資，只要有大學生帶著稚嫩表情或忐忑不安的心情來提企畫案，或到學校詢問營隊活動時，第一件事情就是熱情的招呼，說明學校的特質背景，找相關處室主任主動協助他們的問題，給予他們最堅強的後盾，才可以發揮服務團隊的理念目標。閱讀感動的同時淚水沒有白流，這群大學生也在創造「見晴」讓人直接聯想「看見晴天」的意義與價值，正如羅曼·羅蘭所言：「先相信自己，然後別人才會相信你。」

我深信見晴服務隊已經用時間、行動實踐證明了。我們都是偏鄉部落的兩道光柱，穿過部落社區與校園景物，宛如兩條透明的金帶，其中閃耀著星星點點的塵埃，這是深度理解與貼近土地後的美麗畫面。

【推薦序】

# 走入偏鄉的愛與青春

慈濟醫療財團法人執行長　**林俊龍** 醫師

「慈濟大學見晴醫療服務隊」是由慈濟大學醫學系學生自主發起的一個服務性社團。老實說，不論是學校或醫院，師長們從未要求這群醫學生做這件事，但他們那股自動自發的熱忱，非常動人。而這種走入偏鄉、深耕社區的服務與學習，正是一九九四年證嚴法師在花蓮創立醫學院的初衷，期待能在花東培養出願意留在偏鄉服務的醫事人員，一解三十多年前，花蓮慈濟醫院啟業前後，各科醫師難覓的困境。

見晴服務隊自成立以來，一轉眼，竟也超過十年了，許多參與過這個社團的醫學生都已經畢業，進入職場成為醫師，在全臺灣各醫院服務。而這群年輕學子最初的心念，只是想要走進部落，結合所學，盡一己之力，看看能為部落孩童做些什麼。雖然經歷挫折，這群醫學院的學生不曾退縮，反倒更認真地向學校及部落的師長學習，逐漸架構出以關懷、陪伴為主軸的服務隊，透過大學生親身訪問與觀察，嘗試理解社區學童的需求及發覺問題，然後努力找出解決的方案。

他們透過家庭訪問、寒假營隊、學期中的出隊及陪伴計畫，傳遞「衛教知識」，也帶領學童認識各行各業、自然生態，以拓展視野；更跟著孩子以社區地圖、傳統文化看見部落的價值。而除了固定的服務時間外，遇到孩子們的「重要日子」，像是村校聯合運動會、畢業典禮等，服務隊的大學生也會組成親友團、應援團，前往見晴，為孩子們加油打氣。多年下來，這份關愛甚至擴展到孩童的家庭與社區，提供家庭衛教、將免費的健檢資訊帶進社區，宣導適時就醫等正確觀念。

證嚴法師常提醒我們，奉獻是要在需要的地方。這群大學生，本著這樣的理念，一代傳一代，一棒接一棒，不但設計出讓部落老師稱讚的教案，更帶動部落的孩子，讓他們見識到部落之外的世界，啟發了更多夢想的可能。這種在校園之外，以行動實踐醫學人文的精神，讓他們儘管畢了業，成為醫師之後，依然把握機會，到世界上醫療資源最匱乏的地方服役或服務，有人到了非洲的布吉納法索，也有人去到了太平洋島國——吉里巴斯等等。

十年來，慈大醫學生也將他們心中的那份愛與關懷，種在見晴的孩子們心中，現在一群升上國、高中的孩子，也加入服務隊的活動，跟著慈大的大哥哥、大姊姊們一起陪伴部落裡的弟弟、妹妹。

施比受更有福，見晴服務隊投入愛與青春所累積出來的成果，不僅僅是讓部落的孩子們受惠，更豐美了這群大學生的生命經驗與職涯發展。正如書中所提到的，因為有見晴服務隊的經驗，讓進入職場後的這群醫學系與物理治療系的校友們，更知道如何與團隊合作，如何與病人溝通，也更能同理病人與家屬的處境，這不就是慈大想要培育的醫療專業與人文兼具的良醫嗎？

時間，造就了滴水穿石的力量，也見證了點點滴滴的改變。欣見醫療法人人文傳播室將慈大見晴醫療服務隊十年來的故事，策畫編撰成書，深為動容，不僅為醫學人文教育樹立了典範，相信也能為更多懷抱夢想或正在尋找方向的青春學子，鼓舞無私奉獻的愛與勇氣。感恩《經典》雜誌協助出版，樂為之序。

# 目次

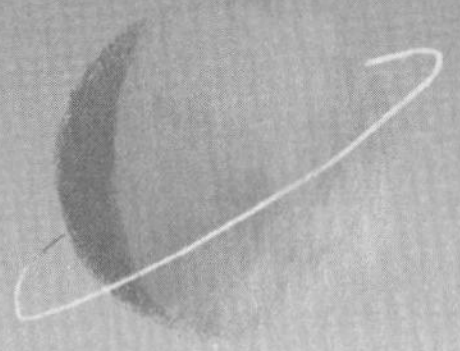

# 第一章
# 序曲

它是最好的時代，也是最壞的時代；
是智慧的時代，也是愚蠢的時代；
是信仰的時代，也是懷疑的時代；
是光明的季節，也是黑暗的季節；
是充滿希望的春天，也是令人絕望的冬天；
我們的前途擁有一切，我們的前途一無所有；
我們正走向天堂，我們也走向地獄。

——《雙城記》查理．狄更斯（Charles John Huffam Dickens, 1812—1870）

一群東海岸的醫學生，在生命最盛的青春歲月，在課業最繁重的四年級，頂著醫學系光環，懷著忐忑懵懂的心，走入恰逢寒冬的見晴，就在這部落，醫學生與孩子們從陌生到想念，攜手踏上了充滿驚喜的學習旅程，這群醫學生為部落的孩子打開了另一扇窗，窗外，也許是生命的另一種希望樣貌，也許是未來可以做出不同的選擇，但或許，就只是彼此都留下了相遇珍惜的單純回憶。

醫學生，一代傳一代，披上白袍，掛上聽診器；孩子們，一年過一年，成長畢業，升學就業。就在相遇過後，十年，光陰飛逝，他們與他們，是否都找到了屬於自己的晴天呢？

第二章
# 走入部落的壯遊

換上V領藍色衣褲，三十歲出頭的牛光宇，走進西部大型醫學中心的急診室，他，是一位急診醫師，於電光石火分秒必爭的日常裡，在呼吸間，搶救生命；偶爾停下來，也是坐在電腦前謄打病歷，他總是很專心把眼前的事做好，從醫學系畢業快要十年了，已經晉升主治醫師，很少有機會去回想還是醫學生時代的種種。一年前，他剛到距離臺灣直線距離九千多公里的南太平洋小國吉里巴斯進行了一整年的醫療援助，目睹了許多在臺灣可以搶救回來的生命因為醫療的不足而消逝，甚至因為孕婦「子癲前症」發作而一屍兩命，在痛心之際，他開始著手規畫加護病房，他編撰急診治療指引、設計檢傷站、病人分流等等，成為第一個在這個小島國家成立首間加護病房的臺灣醫師及推手。

「如果是做正義的事，大家都會幫助你！」這句話是牛光宇的座右銘或說是信念！從學生時代開始，他就是充滿活力的個性，從臺南翻越中央山脈到花蓮讀慈大醫學院，儼然是「正義青年」的代表，從入學至畢業，開始行醫，他唯一堅守的原則就是——「不能做不公不義的事，也不能去促成不公不義」。

而如果時光能倒轉，再次回到二〇〇八年二月的冬日深夜，那時雙子座美麗的「北」字型圖案會在天空中閃閃發光。這是只有在北半球冬天才看得到的星座，這時如果從星空中往下看，會看見一群躺在一個中央山脈下偏僻小部落草地上的醫學生，在寒假期間結束了一天的疲憊之後，牛光宇指著浩瀚星空，教著這群張著眼睛和嘴巴的學弟妹們認識這個美麗的星座、讚歎著美麗的星河……在星空下，似乎不論發生什麼事，都可以有完美的結束、嶄新的開始。

## 東部才有的在地醫療服務隊

在每個人的青春記憶中，都會有一個「光一樣的學長」，像一個精神領袖，充滿熱情與想法，只要有學長的出現，沒有做不到的事。九一級的牛光宇，在學弟妹眼中就是這樣一個角色。很多醫學系學弟妹招募新生加入醫療服務隊的時候，就覺得充滿熱情與理想、又有強大的人脈的牛光宇學長真的是一個亮晶晶的招牌，看到他就覺得充滿了希望、燃起熊熊熱情，迫不及待想馬上加入！

他的爺爺是醫生、父親則是職業軍人。「我爸爸就是一個雞婆、自以為很有正義感的人，我好像也是這樣，有點麻煩，走在路上，我是那種會叫路人不可以抽菸、禁止停車的地方不能停車，所以還是常常在路上跟人家吵架！」

二〇〇二年到慈濟大學讀醫學院以前，他只來過花蓮一次，那是在高中參加了一個營隊，還參觀了慈濟園區的靜思堂。牛光宇醫師笑著說：「高中畢業，大學指考作文題目是『如果你中了樂透高額獎金，你要怎麼運用？』我還寫說我要捐給證嚴法師！」

## 在距離偏鄉最近的大學成立服務隊

二〇〇六年，牛光宇在慈濟醫學系升上大五，誠懇、熱情、行動力強、總是充滿感染力的個性，被推舉當選為醫學系學會會長。前四年參加了許多社團的牛光宇，積極累積實力，因為他一直有一個夢想，希望可以讓慈濟醫學系這個一年級只有一班、一班只有五十人的學系，可以有一股貫穿一到七年級級別、能凝聚向心力、又能發揮醫學生專長的力量。

牛光宇從大一入學開始，就參加了管樂社、蝴蝶社、天文社、口琴社、人醫社等等，這些社團也常常到偏鄉服務、帶領活動、人際溝通、團體討論的經驗。加上當時臺北醫學院的盧盡良老師來慈大教寄生蟲學，因為他帶著北醫的服務隊到許多部落服務過，常在課堂上分享很多上山下海的心得，還有原住民的醫療和獨特民族性，讓臺下原本就充滿理想性的大學生眼神閃閃發光，包括牛光宇。

大一、大二開始，牛光宇就跟著學校其他的服務營隊，去離島或是山區部落。他當時就覺得，雖然以漢人眼光來看，原住民生活環境並不是太好，但是自己每次去部落，都看到他們都很真誠的對待，「是對一個客人真誠的付出，讓我很感動，覺得對方生活都已經很困難了，儘管如此，不管去哪裡，都可以獲得真誠的對待。」牛光宇說，最直接的回饋還是部落的小朋友，「他們信任我們、跟我們做朋友。儘管我們做得如此有限。」因為受到這些原住民珍貴的信任和毫無保留的友情，牛光宇開始反思，身為東部唯一一所醫學院的醫學生，自己可以為他們做些什麼。「我自己對這塊土地有了不一樣的感情，感覺有了『責任』，覺得自己不再是一個過客，而是努力成為他們一分子。」

牛光宇說，臺灣很多醫學院都會有一個代表的醫療服務性社團，譬如陽明大學、臺北醫學院、長庚醫學院等等，但他從臺南來到花蓮讀書，卻發現唯獨在東部、醫療相對缺乏的地方卻沒有這樣的社團，這些外地的大學社團會特地從臺北到花蓮服務，而位於花蓮的慈濟大學還是距離這些偏鄉最近的大學。

靠近偏鄉、更要能貼近偏鄉、進入偏鄉，並盡己之力給予幫助，是很多擁有雄心壯志和淑世理想的醫大生理念。牛光宇雖然擁有強大的號召力，但要找大家出來當幹部、組成一個服務隊並不容易。因為醫學系課業繁重，必須花更多時間念書，大三上學期因為開始上解剖課程，大部分的醫學生屬於「閉關」狀態；大四結束後的暑假面對第一階段的國考，也是醫學生必須全力以赴的重要階段，所以若又要參加服務或擔任幹部，一定會瓜分掉念完書僅剩的時間運用。

儘管如此，行動派的牛光宇先找了他的醫學系副會長莊傑貿一起，更一一拜訪學弟妹，當時大四的陳則叡、林進偉、大三的連子賢、顏志傑以及大二的林偉琳、嚴嘉琪、大一的盧星翰、陳亮萱等都一一被學長網羅進隊，也成為醫療服務隊創立前期的重要骨幹。

萬事起頭難！雖然經歷了常被拒絕，要三顧茅廬去找不同的學弟妹來合作的過程，然而一旦激起了大家的使命感、就能形成向心力，一起向目標前進。「如果是做正義的事情，大家都會幫助你！」招募了人力，緊接著籌備期開始找資源、選場地、找指導老師、募經費、跑流程等等一步一步來；幸運的是，真的展開行動，各界都會給予支援，尤其是當時的慈大醫學系主任許明木醫師，聽到醫療服務隊的計畫，便提供很多系上資源全力支持，包括經費援助。這不是錦上添花，而是雪中送炭，因為對學生來說，募款是最困難的部分，只要有了經費，就可以大刀闊斧的往前走了！

## 還沒適任的服務隊

經過了半個學期的籌備，到了下學期，第一次的服務選擇靠近鯉魚潭的銅蘭國小。銅蘭國小位於太魯閣族的部落內，距離花蓮市區騎摩托車大約三十分鐘就可以抵達，加上當時花蓮慈院家醫科主治醫師、同時也是慈大醫學系學長的邱雲柯醫師在當地也有醫療計畫，在了解了當地的民情風俗與考量時間、地點後，銅蘭國小雀屏中選。

那一年寒假，服務隊到銅蘭國小以陪伴閱讀、衛教活動為主；晚上會有一個分享心得的時間，大家可以講一些感動的事和回饋，這對醫學生的成長是很大的助益；對醫學生而言，在服務的過程中，因為文化差異或城鄉差距，所見、所聞都會造成衝擊，常常需要與他人討論，或者透過討論，修正原本不一定正確的想法，以及了解背後的原委；而另一個重要的正向助益，就是當某一人說出看到的、感受到的感動，只要分享出來，對其他人都是很好的影響與激勵。

某一天晚上大家正在做分享討論，指導老師王英偉醫師拎著兩個蛋糕來給這群學生打氣，聽大家討論內容。當大家方向偏了，老師拉一把，其他可以自己做的，老師就退到第二線，給大家自己解決的能力、成長的機會。老師雖然沒有多說什麼，但是送來的兩個蛋糕和陪伴，已經讓大家感受到滿滿的支持。

這群醫學生的理想和方向，就是要在系上成立一個屬於自己的服務隊，前往社區、部落提供小朋友或居民他們能力所及的服務。一方面凝聚系上的向心力，也提升自己將來提供醫療或是衛生教育的經驗和能力。這些想法和做法，在他們之前的學長姊乃至系上，還沒有人有這個願景並且付諸實現的，那是一個非常大的突破與創舉。醫療服務隊讓每個人充滿希望，原來，要凝聚一群人並沒有那麼難；在醫學系裡，組織也沒想像中那麼難，只要大家都有這種想法，有人起來號召，就可以辦到！

寒假營隊結束之後，獲得很好的迴響，大家決定也在週間利用沒有課的時間，以醫學生的班級為主體，到校輔導陪伴小朋友。沒想到這時候困難一個一個開始出現。九二級的副隊長林進偉（現任臺北榮民總醫院急診部總醫師）回憶，當時的週間活動一則以班級為單位，沒有統整的人員，成員組織不夠；加上醫學生很多只懂讀書，對帶領小朋友並不熟練，常常小朋友就在課堂間瘋狂吵鬧無法控制，弄得小朋友和醫學生都氣急敗壞，也讓學校老師看在眼裡。週間活動的不順利、讓原本雄心萬丈的成員感到非常挫折，逐漸變得好像和原本的想法不太一樣，彷彿失去了原本的重心，系上開始有了很多意見和聲音。

學期結束後，學校婉轉告知相關資源已經足夠，下學期不需要醫療服務隊再來幫忙，醫療服務隊的任務就這樣告一段落！不過經過這次剛開始好像不錯、最後卻有挫敗感的經驗、以及學校老師透露的想法，讓醫療服務隊的成員們知道，其實花東地區不缺服務隊、小朋友也參加過很多次營隊活動，來自各地的大學生們來了又走，小朋友們真正缺的是可以在平日、在週間進駐或陪伴的哥哥姊姊，而不是大家來來去去，到了下一個夏天又換人。因為對小朋友來說，如果需要歡樂玩遊戲，那麼平常寒暑假各大學營隊其實就夠了，但是長期的接觸、陪伴或細節的生活習慣慢慢掌握，對孩子是不一樣的，這些孩子們真正需要的，是「當地」可以陪伴的服務隊。

## 遇見晴天

於是，創立服務隊的核心幹部們決定調整重心，務必把下一次的寒假營隊辦好，除了能更切合當地的需要，也讓所有學弟妹們重新找回信心。

同時，醫學系班導賴靜蓉老師在此時巧遇國小老師黎惠梅，她在同屬於太魯閣族部落、但位於比銅蘭國小更南的萬榮鄉裡的見晴國小服務。透過黎惠梅老師得知見晴國小剛有國立大學的服務營隊結束計畫，由於沒有經費，等於計畫中斷了！校方正在尋覓是否有適合的大學願意來接手這個帶領孩子的任務。於是，另一個全新的緣分就這樣悄悄的被牽起來了！醫療服務隊繼續往花東縱谷的更南方出發，前去拜訪這個擁有美麗名字的部落小學——見晴國小。

第一次去見晴國小場地勘查，由即將升上六年級的牛光宇，與接手隊長、九二級的陳則叡，及預計擔任下一次出隊總召、九三級的顏志傑

（現任成功大學附設醫院內科部研究型醫師），三個人騎著摩托車沿著臺九線往南，尋找賴靜蓉老師所說的見晴部落。筆直的道路向前，沿途就是山脈、路樹、雜草，偶爾一排房子閃過。三人一直懷疑是否走過了頭，好不容易終於過了壽豐、過了鳳林，然後不知過了多久，終於在接近臺九線公路二百三十公里處附近，右轉拐進一條小路後，繼續緩緩往中央山脈前進，過了好一會兒，才看到一個小村落。回想當時的情節，顏志傑笑著說，「原本第一次場勘完就打算不要去了，因為真的太遠了！」

這個坐落在中央山脈山腳下的太魯閣族部落名稱就叫「見晴」，當地人稱MIHARASI。這是一個四周圍繞著稻田、雜樹林、由幾條小路、一座天主教堂、一座基督教堂、一座小學以及幾個參差聚集與分散的屋舍所組合成的小小聚落。

見晴村是太魯閣族的部落，也是萬榮鄉規模最小的部落。見晴以前種玉米、花生、甘蔗，可以半年一期，也有種稻，現在都沒有了，住在見晴的人家，戶口名簿登記的大約一百三十幾戶，約七百多人，實際住在村子裡的人口約四百多人，大多是小孩、老人，還有在花蓮當地工作、為數不多的年輕人。唯一的小學見晴國小，共有小學生四十七位、幼兒園十八位。

場勘先鋒們來到這裡，第一個印象是「見晴果然是一個偏鄉」。對大學生來說，這裡和市區的距離實在是一大問題；而在大白天，整個部落似乎還在沉睡，街上空蕩蕩的只有幾隻瘦弱的狗兒在晃蕩，社區裡除了一些老人和小孩，似乎沒有什麼人煙，時間在這裡似乎慢了下來，一切都慵懶而緩慢。經過社區，到了學校之後，他們發現見晴國小的場地和教材其實都很不錯、學生數量一個年級一班，一班約十幾個小朋友。從學校方面得知，平常小朋友們可能真的下了課就沒事做，父母大多在西部上班或是外出打工，隔代教養占了六、七成，可能就是缺少陪伴，阿公阿嬤也管不動小孩，小朋友們常常在附近遊蕩。

校方一方面很歡迎大學生進駐，一方面也非常嚴謹，當時的教導主任許壽亮要求醫療服務隊的課程內容必須先跟學校討論，希望慈濟的醫學生並非只有蜻蜓點水，而是學期中和寒假都能固定到學校辦營隊活動，才能讓合作更有永續性。他並且期望透過學校與服務隊資源的合作，讓一些校方著重的議題，不論在教育現場或社區遇到的問題，都可以透過服務隊在課後來直接宣導，或是利用戲劇表演或活動，讓孩子們自己去體驗或感受，讓他們有所改變！同時，見晴服務隊規畫的內容，也會在營隊結束之後，由校方安排繼續在課堂上延伸。

## 「醫療」不是最重要的事情

帶著重新開始的心情，接納了見晴國小的意見，以及在銅蘭國小的經驗，醫療服務隊重新調整腳步，他們這時候已經了解，「醫療服務隊」對醫學生和被服務者來說，「醫療」不是最重要的一塊，他們最大的目的，就是「陪伴」。

## 擦亮招牌　陪伴無可取代

牛光宇說，「醫療」好像是一個招牌，以此來區別和其他的服務隊是「不一樣」的。但是臺灣因為有健保，醫療與其他地區相比「相對」來說普及，無醫村很少，真的無醫村，要去做醫療、後勤補給並不容易，重要的是，醫學生做的醫療「有限」、或者「沒用」。如果要找老師支援，還要配合時間、藥物，而且在當地做醫療也會有很多缺點，如果一年只做一兩次，甚或每個月一次，提供的醫療照護沒有辦法維持，只能治療短期的感冒或急性病，如果治療一、兩次的長期病，也沒有辦法追蹤病患的用藥，甚至可能會對當地原本的醫療造成衝擊，當地診所也會受到影響；而醫療服務隊帶進去的藥有可能是當地診所不常用的，反而會造成困擾。因此在沒有辦法長期照顧病患的現實下，醫療服務隊裡的「醫療」不是最重要的事情。

當時成立慈濟大學醫療服務隊的理想，是希望所有隊員都能利用服務的機會去認識這塊土地。牛光宇說，在花蓮、東部，長久以來不太有辦法留住醫生是個事實。「我最想做的事情就是幫大家建立與這塊土地的情感和連結，重新愛上這塊土地，而不是真的透過醫療來改變什麼。」從還帶著滿腔熱情的醫學生開始著力，七年醫學系不只是關在學校裡面上課、在醫院裡面實習、實習完就想著要去哪邊有比較好的生活環境；而是與這裡的人們一起成長、認識這裡的風土，讓大家在畢業後，仍然會想要留在這塊土地。

## 用太陽和愛心守護家的隊伍

於是，在大家不以醫療為主要目的，而以認識部落、長期陪伴孩子為出發點的調整下，二〇〇七年也正是慈大醫學系成立醫療服務隊的第二年，他們往中央山脈更南的萬榮鄉見晴部落前進，醫療服務隊有了全新而且很長的名稱「慈濟大學醫學系看見晴天醫療服務隊」，簡稱「見晴服務隊」，這一年他們也有了隊服和隊徽。

隊服很叛逆的希望區隔慈大其他服務性社團慈青社、快樂健康社和人醫社，所以選用淺藍色上衣配上白色領子；隊徽則是由有美術專長的九三級隊員賴馥蘋負責設計，主要隊徽是一個擁有溫暖微笑的鮮豔太陽，下面寫著MIHARASI，即是代表「見晴」的日語及原民發音。另一面，則是一個微笑俏皮的愛心掛著聽診器，聽診器下連著一個小房子，代表著家。太陽和愛心，都用色鮮豔飽滿，代表的都是醫學生的青春、熱情和愛，守護的則是屬於居民的一切，提供的是像家一樣的溫暖。設計雖然簡單，卻意義鮮明，儘管歷經人事變遷，這個隊徽卻一直沿用不曾替換。

其實，當時部落正面臨風風雨雨，接二連三發生的敏感事件，讓社區動盪、學校憂心，因此校方才將希望放在服務隊，希望促成這個好事，透過服務隊在課後時間的連結，可以補強學校無法顧及的部分。而這個剛成立一年、甫結束銅蘭部落任務、調整好腳步的見晴醫療服務隊，蓄勢待發，來到見晴。

## 第一次就遇到雨神

第一次見晴出隊，是在寒假過後的四、五月間。學生們包了兩輛遊覽車，準備各種道具和教具，原本雄心萬丈的來到學校，沒想到當天下了傾盆大雨，眼看時間就要到了，卻沒有什麼人報到，讓隊員們心急如焚。九三級擔任總召的顏志傑站在走廊上，看著學校只有一排校舍，前面就是泡在雨中的操場，心想完蛋了，附近沒有遮蔽物，雨再下下去，這次的活動凶多吉少。沒想到，報到時間快到的時候，小朋友卻從大雨中一個一個冒出來，來的小朋友看到誰沒來，就又跑去找過來，或說有阿嬤不讓他來的，也派人去叫，小朋友就來了。在高雄長大的顏志傑覺得心裡熱熱的，也感到這裡的孩子跟都會區的好像不一樣，小朋友們彼此都很熟悉，而且遵守約定，就算下雨，就算沒有手機，說好了就會來。

浩浩蕩蕩的第一次出隊，來了將近五十個醫學生，見晴國小全校一到六年級的學生也才不到五十個，雨中的初相見，大朋友小朋友面面相覷，醫學生們臉上滿是熱情、急切；他們所面對的一個個小臉蛋，則是有的活潑、有的害羞、有的冷漠、有的膽怯、有的包著尿布……

大學生和小學生很快的玩在一起，當然中間穿插了一些臨時報名的學生、一些家長臨時帶來學生的弟弟妹妹，大班、中班、幼幼班……順便「托幼」，醫學生教他們便後、飯前一定要洗手，刷牙該怎麼刷、吃飯應該怎麼吃，並且拿出一張貼紙，讓每個小朋友在自己的屁股肛門上貼一下交回來，要看看他們肚子裡有沒有不小心跑進去的蟲蟲，當然也設計了很多團康活動，才半天，小朋友已經爬到大哥哥背上玩在一起！

也因為下雨，第一次的課程上午在教室內上課，原本下午要到戶外闖關的大地遊戲，也利用唯一的風雨操場進行，原本擔心會掃興，沒想到最後玩到停不下來；當最後歸隊時，小朋友們熱情的問「你們什麼時候還要再來？」讓大家心情再度暖了起來，也開始多了牽掛、多了責任。一剛開始以為交通那麼遙遠不便，應該不太可能會成功，加上下雨，可能一次就結束了，沒想到接下來第二次、第三次出隊，小朋友們來得愈來愈多，大家懸著的一顆心，逐漸放下來。

## 第一次文化衝撞

雖然小朋友們非常可愛，但是不論男大生或女大生，百分之九十的隊員第一次接觸到部落的小朋友，幾乎都會承認，曾經被原住民部落孩子的「瘋狂」嚇到！尤其是醫學系的學生，很多都是第一次參加服務性社團，有的根本沒有碰過小朋友，看到完全不聽指揮無法駕馭的小小野生動物，醫學生也很慌，大家亂成一團，甚至有些第二次就不敢來了。

顏志傑說，大部分醫學生的個性都是「好學生」、「乖乖牌」。「叫你坐哪裡就去坐哪裡、寫功課就寫功課，做什麼就做什麼」，所以當初他們設計課程時覺得一堂課三、四十分鐘應該差不多，但是到了部落，發現小朋友們的注意力大概只能集中十分鐘，超過十分鐘就失敗了，課程每十分鐘就要設計一個能讓注意力能再回來的「梗」。如果活動是孩子感興趣的，就會坐下來聽或配合進度，但是如果覺得無聊了，就會開始暴走、放空甚至做其他的休閒活動；雖然能夠吸引小朋友注意力是很好的，但是如果「拿捏不好」，一不小心又引發了小朋友們的「強烈好奇心」，他們就會開始「過度熱烈活躍」起來，變得很難控制。

但能吸引小朋友總比完全不被接受好，所以為了吸引小朋友的注意，這群沒有修過教育學分、沒有帶過小朋友的醫學生絞盡腦汁，為了教刷牙，還特地做了一個超級大的刷柄，刷柄上連著一個很大的刷頭，刷頭上面插滿吸管和掃把，也DIY做了一個大假牙，一起搬進了部落，課程中間並放影片、編唱刷牙歌，動靜穿插，卯足全力，只為吸引小朋友注意、幫助他們吸收衛教知識、照顧好自己的一口牙。

有了幾次的經驗，醫療服務隊邊做邊修正，根據實際需求在課程和活動上改進，一方面顧及醫學生的專長、一方面顧及帶給小朋友的幫助，以及親近社區、貼近社區需求，因此課程主要仍是緊扣著「衛生教育」、「主題教育」還有「社區地圖」，前後或中間再加入營歌舞蹈和家訪。

剛開始隊員們會思考，應該要教小朋友什麼東西？什麼才是部落孩子需要的？試了幾次後來發現，原本擔心太過艱深而使小朋友無法理解的課程，反而孩子會有興趣，而很多課程設計太過簡單，其實部落孩子聰明狂野，少了很多管束、反而靈活自由，因此觸類旁通，會很多東西，電腦、3C也都會使用，其實那時候學校就是因為小朋友常常在課後流連網咖而相當煩惱。

小朋友們反過來給的東西也是他們當初沒想到的。

譬如大哥哥大姊姊衛教時總會諄諄告誡喝酒不好，但是小朋友們就會說「哪會呀！我們的文化就這樣呀！」譬如衛教時一再的講解嚼檳榔對身體、口腔有害，但是原住民在農忙的時候，可能要大半夜起來去搶收水果等農作物，小朋友就會看著父執輩喝含酒精的提神飲料，或者嚼檳榔來提神工作。讀醫學系的都覺得吃檳榔會得口腔癌很可怕，但是種檳榔可能是部落中重要的經濟來源，或者是婚喪喜慶中表達誠意的態度，在其社會價值是高尚的。

九五級的陳亮萱（現任林口長庚醫院婦產部住院醫師），從小是一個守規矩、要求自己的孩子，細心的她，曾為了見晴的每個家訪戶，熬夜把一年內營隊所有的照片整理好，編輯作成一本手工相簿給每位小朋友保存。但剛開始時，陳亮萱說，因為大部分的醫學生成長過程就是覺得應該要守秩序、上課時就應該安靜，所以出隊時就會想要管教小朋友。但他們可能因為隔代教養或是頑皮，行為上比較沒有辦法受到控制，而常在課堂上奔跑、吵鬧。剛開始，很多同學，包括她自己都無法接受，花了很多的力氣去要大家安靜，想要矯正他們，但是卻很挫折，覺得他們都不聽話，自己也抓狂、很累。但慢慢了解之後，就會知道他們因為這樣的背景環境，所以會有這樣的表現，他們只是很單純的想要吸引哥哥姊姊的注意，所以故意唱反調。當心情上有了轉變，就會知道每個小朋友的個性，要怎麼跟他相處，要怎麼把他引導到課程裡，反而是對自己比較大的啟發，也讓從小就是接受比較「均質化教育」的自己，因為遇到不太一樣的小朋友，打開另一層視野。

九四級的林偉琳則坦言自己沒有特別喜歡小孩，但是理性派的他反而知道，小朋友會吵鬧、唱反調往往是想吸引注意。若能不被激起情緒，私下去了解想法，這樣反而可以樹立風範，也可能會知道小朋友到底想要做什麼。

林偉琳記得他曾遇過一個四年級的小朋友恩恩（化名），個子小小的、總穿著「吊嘎啊」（薄背心），非常頑皮。當大家在上課時，他雖然不會誇張的亂跑或是唆使其他小朋友們鬧場，但他就是窩在一旁，完全相應不理，問他問題，他就答非所問，讓人莫可奈何。林偉琳私下了解後，才知道有的上課內容他不喜歡、有的他覺得上過已經會了，林偉琳一聽，反過來請他當大家的榜樣，「如果內容都會的話，都可以回答，讓大家知道你會，吸引其他人更認真聽！」原本不討喜的孩子，因為受了鼓舞，希望別人覺得他很厲害，上課認真起來，甚至變得有自信；原本對任何活動都採取疏離態度的恩恩，從原本的完全不加入，到進行「社區地圖」時，自願當第一個要舉隊牌的小隊員。

## 認識孩子們的部落

因為在課堂上的接觸，大學生才感受到自己與原住民小學生的差異，而首要之務就是拉近距離，打破自己的成見，一方面進入孩子的世界、了解他們，一方面也讓自己成為另一個進入小朋友世界的典範，幫小朋友們打開視野。

所以在設計課程上，不再小看孩子，衛生教育的涉獵很廣，除了寄生蟲、刷牙、洗手、菸酒檳榔等等，包括糖尿病、高血壓、膽固醇、尿酸、痛風、肝硬化、腸病毒、紅眼症、病毒感染、以及性教育等等都會做完整的介紹。主題教育上，也納入認識五大洲——探索世界；夢想博覽會——認識各行各業，包括醫師、廣播、有機農場體驗等；東西的故事——探討生活中物品的來源及去向，以及各國新年文化、手作體驗……等，藉由各式各樣不同領域的刺激，一步一步帶著這群山地部落的孩子，重新為他們眼中的世界增加不同的板塊和面貌。而「社區地圖」的設計，則是由部落小朋友們主導，畫出他們想要帶大哥哥大姊姊去了解他們家鄉的不同面向，藉由小朋友繪出自己的家、家的周邊環境、祕密基地或是最喜歡的地方，然後帶著這群大學生一一去拜訪。

社區地圖會分隊進行，每一隊即是一個「幫幫」（幫派），依照指令去完成任務。譬如找出部落中五種綠色的物品、或是五種圓形、三角形的物品，或是闖關，闖關內容都是與社區有關的題目，藉由完成任務的過程，讓小朋友更了解自己的部落。雖然每次跟著小朋友的社區地圖出去，總讓這群大學生們提心吊膽，因為在孩子的「地盤」上，醫學生們並不熟悉地理環境，又肩負著孩子的安全責任，小朋友們一旦出了校門卻像火箭一樣射出不見蹤影；但是這群外來的團體也藉由小朋友的帶領，打破隔閡，因而踏遍社區每個角落，後來闖關活動已經變成在社區裡設立關卡，居民、孩子一起玩。同樣在社區地圖的活動中，還有一個重要活動，即是大學生會固定帶著孩子進行服務工作，譬如掃街。藉由親手打掃、整理自己的部落、讓孩子們更能了解自己居住的環境，在打掃的過程中，大哥哥大姊姊們利用分隊競賽來比賽哪一小隊撿到較多的垃圾量，一旦開始有競賽，原本枯燥的撿垃圾也變得刺激好玩，撿起來的垃圾更不是丟掉就好，而是確實的回收，整個過程做完，孩子們會累、會煩，但是看著哥哥姊姊們跟著做，幫忙打掃自己的家，他們在累過、煩過之後，會知道自己居住的環境還是得靠自己努力才能維持，也因此更懂得珍惜了。

後來服務隊要出發前，學長都會幫新隊員上課，要大家先去了解這個部落。見晴村是個有百分之九十都是太魯閣族人的部落，大家第一年去，應該好好用心去感受部落的樣子。

第三章

# 醫學生難搞？

醫學生是一群在全國高中生最會考試成績中前百分之一的學生，通常老師對醫學生的評價都是「聰明」、「認真」、「完美主義」，但是要組合一群聰明又追求完美的醫學生分工合作，一起服務，難度就大大提高，因為大部分的醫學生自己都會說：「其實醫學生很難溝通！」

## 從自我中心到心向中心

同時參加慈濟大學「人醫社」和「見晴醫療服務隊」的許晉譯（現任花蓮慈院神經內科住院醫師）就提到，由於人醫社除了醫學系之外，還有其他科系的同學，只要有心想要服務就能參加。剛開始他對於和醫學系外的同學合作感到「很煩」，覺得對方老是「落一拍」、「開會沒效率」，達不到自己的要求。但是學著跟其他人溝通後，發現依照別人的邏輯來做，雖然是跟自己想的不一樣，但是成果並不會不好。後來他和別科系同學的合作中，從「不耐」到覺得「好像也可以」，最後反而體會到「跨界合作的成就感」，就是每個人的能力都可以向上提升，也就能夠一個帶一個。習慣了這樣的合作模式後，回到醫學系後，反而覺得不好溝通了。他說，醫學生大多有點「強迫症」，做事要求盡善盡美、理解力高、個人能力強，通常「自己就可以做得很好」，但「獨立作業」雖然可以完美，卻因為沒有其他意見，比較沒有收穫。

許晉譯說，其實對醫學生、醫師而言，和別人合作是很重要的，將來到職場、醫院，都需要和其他人合作，如果無法理解別人講話的邏輯、別人的困難在哪裡，很難和醫療團隊合作，也很難幫助到病人。

九五級的林修賢（現任花蓮慈院外科部住院醫師），也是從醫療服務隊第一年就參加的元老，他說，當初參加服務隊也是覺得好玩，以前的自己只會讀書，比較自我中心，不太知道怎麼去融入一個團隊。他印象最深刻的一件事，就是有一次一大早要彩排，結果他把這件事忘得一乾二淨，一覺睡到中午，趕到彩排現場時被學長大罵一頓，讓他覺得自己真的很沒有責任感。林修賢說，以前只會覺得把自己的事情做好，經歷了銅蘭國小、見晴國小，自己開始比較會關心別人，也知道要顧慮到每個小朋友，這都是團隊的訓練。

大學長牛光宇在成立醫療服務隊以前，參加無數社團，有很多課外活動的經驗，他笑著說：「我們一致都覺得醫學生很難搞！」因為醫學生很聰明、很有自己的想法，所以很重要的是創造一個舞臺給他們發揮，並且激發他們的熱情，如果有舞臺或熱情，醫學生就會有很傑出的表現。而中間最重要的就是協調每個優秀個體之間怎麼合作，這也是這個營隊最重要的訓練。

前期全由醫學系學生組成的見晴服務隊，每次出隊都包括行政組——就是活動負責人、值星官、總務，還有課程組、活動組、生活組、光攝組、器材組和隊輔組，醫學系每個年級一班，每班五十人，人數本來就不多，加上大五之後有些學長姊開始到醫院實習而忙碌，此外，多數醫學生都身兼好幾個社團，加加減減，每次出隊人數不同，參加的人幾乎都要擔任不同組別、輪過隊輔、總召、負責人。有時候學弟妹擔任負責人，學長姊擔任組長，學弟妹不敢「勞動」學長姊，有時候學長姊當總召，「叫不動」學弟妹。

九五級的陳亮萱曾擔任醫療服務隊副隊長，她說，因為醫療服務隊真的算是一個課外活動，有時候遇到考試或其他活動，很多人就無法全心來參加。她還記得有一個課程長蔡于捷非常細心、要求非常嚴謹，每次活動前都會盯著大家要把上課課程、PPT做好，甚至要加注音等等，有時候大家就會覺得壓力很大，學長幹麼這樣盯我們！但也因為這樣，大家雖然一邊「不高興」，但做好之後發現能力都可以提升。而且醫學生通常充滿「濟世助人」的熱情，加上聰明、想把事情做好、想要「變厲害」的完美主義，總會時時調整。但因為在團隊中，每個人都會有不同的想法和作法，衝突在所難免，林偉琳就說，自己在當隊長那年，和同班的聶人豪因為活動規畫和作法有了不同意見，兩人就曾因此產生摩擦而吵過架。

## 用心扎根　骨幹長出新葉

接任第四屆隊長、九四級的林偉琳（現任臺中慈濟醫院耳鼻喉科住院醫師），就是學弟妹口中「強大的隊長」，很多制度從他這一屆開始成型完整，隊務上軌道，乃至九五級的隊長盧星翰，九四級和九五級被顏志傑等學長們公認是醫療服務隊的「骨幹」，也奠定了草創期之後，醫療服務隊往下扎根、繼續發展的里程碑。

林偉琳在大二時被創隊隊長牛光宇延攬入隊，一入隊當文書組長，每次出隊都會準備大會手冊，手冊分成兩本，一本給參加的小朋友、一本給工作人員，手冊內容還包括衛教、幹訓等等，林偉琳都一手包辦。

林偉琳接任隊長之後，第一個即是確定營隊舉辦的時間，除了寒假中為期三天的營隊，上下學期中也固定出隊三次，每次一天，一年總共七次。

再則即是增加社區家訪的頻率。原本只在寒假中才有家訪活動，但後來討論覺得次數太少，家訪效果不好，對小朋友的了解與連結太弱，因此除了寒假營隊的家訪維持之外，另在每學期三次出隊中的第二次出隊裡增加固定家訪，平均一年家訪三次，以便維持更密集了解與維繫。

第三個即是除了每次行前大會外，出隊結束後也會有一個小時的分享會議，由各組提出。譬如每天的早餐夠不夠吃？星期天出隊，是否會與教會活動衝突？課程是否適合？心思縝密的林偉琳顧及檢討完後大家都是鳥獸般一哄而散，他便開始請每一次出隊的負責人或核心幹部，在分享會議中必須以一個小短片來回顧從集合到結束之間大家的工作歷程；隊員們也要在活動結束後三個星期到一個月內交出五十到一百字的心得，這樣有點硬性規定的作法，其實都是讓隊員重新回顧、重新整理自己的感受和心得，知道自己出隊到底做了哪些事，更能確認自己的汗水沒有白流。

創隊的學長姊們剛開始就知道，最重要的是傳承，一定要找新血，否則無論做得再好，大家畢業之後，這分熱情和使命感將無以為繼，因此每年的招募，總是從大一新生開始。林偉琳自己進醫學系後，感受到醫學系系級之間常常同班同學很熟、上下屆並不太熟的關係，醫療服務隊也就成為一個凝聚向心力和垂直情感的團體，很多學長姊都參加過很多次，他自己也因為當過幹部與組員，知道哪些部份好執行、哪些會有困難，對於比較沒有經驗的學弟妹，學長姊會拉一把、給他們意見，也有了經驗的傳承，因為服務隊，不同年級間變得非常熟絡，系級間的交流和凝聚力確實增強，同時也傳承、培養未來的幹部。

團隊就在不斷磨合、不斷傳承中，以及小朋友們一點一滴的回饋、隊友一步一腳印的齊步下，一步一步走上軌道。

## 磨出來的革命情感

部落和青春，是屬於浪漫與快樂的。通常寒假營隊，是情感急速升溫的時候，不論是和夥伴之間、或是和孩子之間。醫學生們從出隊前三天舉辦幹部訓練開始，分工合作，為籌備營隊的共同目標而努力，一直到出隊，更是連續三天朝夕相處。長長的一整天都是屬於小朋友的，帶領、照顧、教導、同樂和陪伴，晚上醫學生們借住小學圖書館，大家一起在圖書館打地鋪，睡前還要開檢討會議，若有蟯蟲篩檢，還得利用晚上的時間以顯微鏡觀察，檢查孩子的屁股貼片是否真的有蟯蟲。陳亮萱記憶最深刻的，就是大家一邊檢查蟯蟲，一邊覺得肚子餓了，就一邊吃泡麵、一邊看蟯蟲。

洗澡也是考驗感情的時候。由於寒假天氣冷、浴室又少，甚至還要跟附近診所借浴室，最多只有男生一間、女生一間，大家排隊輪流使用。

因為洗澡的人很多，大家都要洗「戰鬥澡」，男生一定要十分鐘內洗完，否則浴室門就會被其他夥伴強制打開，女生十五分鐘。為了保持進度順暢，除了排隊的人龍，還會有一個人專門「守門」，拿著對講機與總部聯繫，總部一旦計時到了八分鐘，守門員馬上大聲提醒「要開門了！要開門了！」常常讓在裡面洗澡的人緊張不已快馬加鞭。有時候醫學生們也會突發奇想，利用電影臺詞改編呼號內容，點點滴滴都成了營隊辛苦之餘甘甜的回憶。盧星翰說，以前每次洗完澡，全身熱呼呼的，伴著滿天星空，和同學邊走邊聊天走回營本部的回憶，現在想起來都美得像一幅畫。

晚上，部落沒有光害，開完檢討會議，學長姊就帶著大家觀星。當時的牛光宇學長雖然已經進入醫院開始忙碌的實習，但他一有時間會抽空來陪伴、幫大家加油打氣。熟悉星象的他，總會帶著大家認識星座、講星座故事給學弟妹聽，然後大家聊著未來的方向，碰到疑難雜症，學長姊也會給學弟妹一些建議，全隊彼此交心，充滿著革命情感。在見晴醫療服務隊的日子，對很多醫學生來說，是大學生涯中，與學長姊、與同學們感情最好、最親密的一段時光。

九五級的盧星翰，現在是花蓮慈濟醫院家醫科住院醫師，他是見晴醫療服務隊第六年的隊長。盧星翰說，其實在服務隊就可以看出一個人的做事態度，有些人在服務隊可能不是在臺上最受矚目的，卻是很認真在做事，延續到後來進醫院服務時，認真的做事態度，幾乎是一模一樣，所以參加活動真的可以看出一個人的個性。

而最讓盧星翰感動的，是他擔任隊長那一年，寒假三天的營隊找不到總召，大五的學長聶人豪已經開始進醫院展開忙碌的臨床實習，但聽到盧星翰的困難，義氣相挺、二話不說就接下總召的任務。盧星翰說，聶人豪在班上不屬於活躍的人，但卻是很願意為服務隊做事，是一個很無私的學長。那次寒假聶人豪第一次以漢原不同文化體驗的主題來辦營隊，辦得有聲有色，夥伴和小朋友都很滿意又盡興。

當天晚上結束的分享會，大家圍成一圈，盧星翰講沒幾句就開始哭了……時至今日，盧星翰仍然還是只有深深的感動。盧星翰說，因為當時除了已經在醫院忙碌實習的聶人豪學長答應來當營隊負責人，給了他一劑強心針，自己的直屬學長楊承翰也來支援，還包括好幾個準備寒假重考國考的大五學長姊也來相挺。盧星翰說，因為大四的暑假是醫學生第一次參加國考的時間，如果沒有通過，大五那一年寒假要補考；所以幾乎是營隊一結束後隔一個星期就考試了，來支援營隊等於沒有時間在最後階段衝刺，加上另外還有進醫院臨床實習的壓力，所以這些學長姊來幫忙真的是非常挺這個營隊，也真的讓人覺得非常溫暖而感動。

「把我留在服務隊的，其實不只是見晴的孩子，有一大部分是同甘共苦的同學。」經歷過服務隊就知道，見晴醫療服務隊不是學校成立的社團，而是完全由學生自主發起的社團，學生自己招募、自己籌備幹訓、舉辦進修課程、邀請老師、開會、任務分配、聯繫、寫公文、跑流程、找贊助廠商、寫計畫、核銷經費等等，甚至利用自己的假日到偏鄉部落。幹訓加上服務，不但平常日增加負擔，假日也完全沒了，加入服務隊其實是「無酬」又「花時間」、「花精力」、「充滿挫折」的團體，參加的人數也從大一剛開始約五十個同學幾乎都會參加的盛況，到大三、大四只剩下十多個持續參加的現況。服務隊總是被排在課業、興趣、社團或者戀愛之外，儘管如此，很多隊員從一開始就持續到大四、大五，持續服勤，也有到大六在醫院實習的學長，抽空就會回隊支援、甚至支援總召，或只是當被分配任務的組員、機動隊員也二話不說，就是因為在這裡，總能找到單純的快樂與初心。

「找到一群志同道合的人是最難的，其實做這種服務是很孤獨的，所以很需要有一群志同道合的人跟你一起做，才能感受到其中的樂趣。……我們享受在服務隊裡有很大的原因，就是我的夥伴們都是非常好的朋友，在設計課程、設計活動，每次開會都全心貢獻、充滿了歡笑，找到很好的

Role Model（學習典範）也是關鍵！」九五級的陳亮萱說出了許多隊友們持續留在服務隊裡的心情。

這種同甘苦、共患難的革命情感，一直是見晴醫療服務隊持續的精神；一直到九九級，隊長潘哲毅就是從一年級就加入服務隊，他的感想是：「你喜歡這一群人，大部分的夥伴都是一年級就加入的，那時候最單純，課業壓力不重，大家都不為了什麼，儘管很多人後來因為課業不參加了，但大家一起做事的強大力量，也讓我繼續留下來一起努力。」

醫學生雖然自主性強，但是歷經爭吵、磨合，一群志同道合、沒有利益關係的人聚在一起，為了專心做好一件事，一起突破困難，團隊的、不分彼此的情感，總在這時候一點一滴凝聚得更緊密。

第四章

# 跨系結盟的花火

一九九四年十月十六日創校的慈濟大學，一開始是以「慈濟醫學院」為校名，學校只有醫學系、醫事技術學系、公共衛生學系、護理學研究所四個系所。一九九五年至一九九九年之間，其他各系所逐年增設，直到二〇〇〇年八月更名為「慈濟大學」，分設醫學院、生命科學院、人文社會學院、教育傳播學院等。二〇〇八年，再增設物理治療系。

二〇〇九年，第一屆物理治療系（簡稱「物治系」）誕生開學了，第一屆新生註定面臨沒有直屬學長姊照顧的孤單命運，為此，學長姊這個任務就委由醫學系承擔下來，從此，開啟了物治系和醫學系緊密的連結。

那一年，盧星翰剛結束了大三繁重的解剖學課程，升上大四擔任隊長，也肩負著把第一屆的物治系新生一起帶進醫療服務隊的任務。

慈濟大學第一屆物理治療系的李祐如，現任花蓮慈濟醫院復健科的物理治療師。她說，當初剛考上物理治療系，由於是第一屆，對這個系沒有太大了解，也不知道以後會怎麼發展，所以到慈大就讀之前，心裡其實是忐忑不安的。

不過註冊之後，發現是醫學系擔任直屬學長姊，看到這群優秀的學長姊們對物治系的學弟妹們非常照顧，讓大家的大學生涯放心不少，因此學長們招募服務隊時就一起去聽，因為她原本就很嚮往做醫療類的工作，又考慮到物理治療將來可能需要常常跟病人互動，參加服務性社團可以事先磨練，也可以增加活動實務經驗、以及與人相處的機會，一切都是很好的學習，就決定參加了！

物治系第二屆的簡婕，則是在高中時被媽媽帶到花博服務，啟發了做志工的熱忱。家住桃園的她，在高中時就常常到社區附近的聖保祿醫院急診當志工，覺得非常喜歡醫院的環境，因此決定讀第三類組，立志將來要走醫學相關領域。到了慈大之後，有著志工魂的簡婕除了參加見晴服務隊之外，還參加快健社、人醫社、慈青社，囊括所有服務性社團。

## 不喜歡輸的感覺

雖然李祐如和簡婕兩人都對服務充滿熱忱，也同時參加學校的其他服務性社團，但兩人好不容易排到見晴服務隊的出隊機會，第一次到見晴，卻是深深的挫折感。

祐如說，回想到見晴國小的第一印象，就是很挫折。因為自己是新來的大哥哥大姊姊，小朋友們通常「不太想理」，加上以前也沒有跟小朋友相處的經驗，自己的成長經驗更是跟原住民孩子的生活、場域完全脫節，所以雖然著急也找不到話題，不知道怎麼跟小朋友相處。當時她看到另一個學妹本身就是原住民，一到學校就很快地跟小朋友打成一片，自己只能被晾在一邊，默默露出欽羨的眼神。

簡婕的第一印象也是沮喪，同樣是「不受小朋友青睞」、「無法控制小朋友」，但第一次不順利的經驗，並沒有將他們打倒，讓他們仍想繼續努力下去的力量，就是看到學長姊的成功，因而對自己也充滿期待，並相信自己也能做到；而團隊合作的凝聚力，更是他們在其他社團沒有感受到的力量。

「儘管有挫折，還是想要繼續參加……有一主要原因是看到很多學長姊們，他們跟小朋友相處時很快樂、很自然的樣子感染了我，雖然自己還無法做到，但是還是想要嘗試，」祐如說：「還有辦活動的時候，團體中大家都能提出自己的想法，共同去完成一件事，結束時就會很有成就感！」

而成為這個原本全部以醫學生為組成分子的第一支生力軍，身為物治系的代表，祐如和簡婕也明白，必須跟上腳步，才不會漏氣。簡婕和李祐如笑說，這就是一種「不想輸」的感覺。

回憶過去，簡婕說：「他們（醫學生）自己該做的事情就會做好，自我要求高，什麼時候要做什麼都很清楚，跟他們一起相處或辦活動，就一定要跟上他們，不能說沒關係改天再做，今天要交的，今天一定要做出來。包括對小朋友、對夥伴間都是挑戰！」

## 嚴謹又溫暖的團隊

又到了如常的開會時間，約早上八點半，有人姍姍來遲，這時坐在後面的學姊就會正色對大家說，「我們如果自己都管不好，以後要怎麼去管小朋友。」從此以後，服務隊再也不敢有隊員遲到，包括自尊很高的醫學系，還有細心擅長合作的物治系。

也因為醫學系學長姊和同學們的這種做事態度，也讓他們感受到不同的細膩度。「我覺得是事前的教育訓練、幹部訓練；雖然其他社團也有，但是『品質』不太一樣，從一些細流、記錄等等就可以看得出來。」出隊前的嚴謹，也讓隊員雖然有壓力，但是卻能確保品質，隊員也能從中得到收穫和成長。「譬如我們辦活動，學長姊都會要我們寫企畫書，要明白寫出做這個遊戲的目的，以及每個課程、活動需要的道具、遊戲進行的方式、時間的掌控等等，出發前學長姊都要先驗收。」「準備活動或道具，學長姊就會要我們先玩一遍、或者先教一遍給他們看。」祐如說，每一個組裡至少有一個學長或學姊帶領，會先幫忙看過你的企畫內容或教課方法，給你建議，就會覺得很安心。當面臨到問題時，至少會知道自己準備的東西夠不夠，也因為有事先預演和檢核過，就不會一到現場顯得很慌張或遇到問題而不知所措。

見晴服務隊的事前準備做得很好，事後還會檢討。不論是寒假三天的營隊、或是週間一天的營隊，營隊期間每天晚上都會開會，內容大致是過程有沒有發生什麼事需要注意、有沒有什麼活動需要提出來檢討，進行中有些小朋友發生什麼情形、以後遇到相同的狀況怎麼辦……在隊員分享的過程中，學長姊也會分享他們以前遇到相同經驗的作法，接著再討論這個活動設計有沒有什麼缺失或不足。

李祐如說，嚴謹的準備與檢討，就是一年比一年好，也就會讓人覺得很安心。而危機處理也是一個很大的關鍵。李祐如親身的體驗，在見晴服務隊中，不論遇到任何問題，總會有應變的措施和方法，隨時都有人補位，感覺活動總能進行得很順暢，而這些都是學長姊們要求每次活動結束的檢討、上傳參加心得，讓隊員得以反思自己參加過程的心情。

雖然嚴格的把關，但會後的慶功、聯誼，也都讓彼此的心更加凝聚。李祐如說，營隊時除了會剪輯小朋友的活動影片播給小朋友看，每天活動結束後，學長姊還會特別準備工作人員的影片給夥伴們看，真的可以感受到非常的用心！「有一次結束之後很晚了，洗完澡發現學姊用剩餘的食材煮了一鍋芋頭西米露，真的是讓人意想不到的宵夜，當時寒假天氣很冷，但是心都暖了！」李祐如回想起來，微笑揚起的角度，彷彿芋頭西米露的味道還在嘴角圍繞一般；簡婕則回憶起自己大三那一年，媽媽得到乳癌，她當時慌張失措不知道該怎麼辦，就打電話給蔡斗元學長求助，「學長就真的很真心的安慰我說，簡婕沒有關係，你好好的靜下心來……」然後，蔡斗元一一告訴簡婕可以怎麼做，簡婕說，當下不安的心即被平撫下來，也感受到學長真的很能同理每個學弟妹的風範。

李祐如說，服務隊每次都能更進步一點，而大家一起改進、一起成長、彼此支援的凝聚力，也讓這個服務隊充滿著正向的能量，因此激勵著自己，也想要向學長姊學習。

簡婕也說，因為醫學系的同學都很優秀、氣質也好，所以去的時候多少都會有點壓力，但是因為互相鼓勵、彼此學習，「每次去見晴的心情都是期待的、充滿挑戰性的！」

## 因服務而增能

從二〇〇九年第一屆物治系加入開始，見晴醫療服務隊就成為兩個系共同組成的服務隊，人數也漸漸穩定下來，以前出隊常常找不到隊員的服務隊，竟然也有了隊員想要出隊必須抽籤排隊的盛況，而隊長除了是醫學系的大四學長擔任，也會由一位物治系的隊員擔任副隊長，物理治療系和醫學系相輔相成。第一屆接觸物理治療系的隊長盧星翰就說，物治系很多女隊員非常細心又手巧，看到他們做給小朋友的卡片、還有一些闖關的小工具，都非常精緻，甚至比醫學系還認真！而到了近年，甚至有幾屆物治系「青出於藍」，成為見晴服務隊的主力，在服務隊中比醫學系學生更踴躍、更投入的狀況。

因為有見晴服務隊的經驗，也的確讓進入職場之後常常要跟病人溝通的物理治療師獲得很珍貴的經驗和幫助。李祐如就說，在跟病人互動上就可以明顯的感受到不同！可能因為以前接觸過原住民小朋友和家長，所以剛畢業在醫院遇到病人，就比較了解他們的生活狀況和身心狀態，雖然以前也只能算接觸過一小部分，但是就真的比較不會害怕或不知如何溝通。後來跟臺北的其他同學聊起來，也發現他們對原住民文化陌生許多。

而如今回想起來，祐如覺得以物治系的專長，其實可以在原住民社區做更多。「我後來到小兒科實習的時候，常常要篩檢或是評估小朋友是否有發展遲緩的狀況，我就會想到在見晴服務隊的時候，印象中有些小朋友，可能已經兩三歲了，還不太會講話，當時怎麼沒有想到要好好的幫那裡的小朋友做評估或篩檢？」祐如說，幼兒發展有時候也會跟家庭有關，包括有沒有外來的刺激，都會影響到小朋友的發展和成熟。現在已經是物理治療師的祐如說，其實在大一、大二，學生可能也不懂可以做哪些，但是在兒童治療這一塊，醫學系可以做衛教，以一些特別的疾病來做主題；而物治系學生也可以就自己的能力，可以給這些偏鄉的小朋友們一些幫助、資源或服務。

而另外在服務隊的經驗，也意想不到的為物治系的隊員啟發了專長和能力。簡婕笑著說：「那兒的小朋友真的太失控了！」但也因為如此，第一次出隊時因為無法跟原住民小朋友相處而覺得挫折的簡婕，後來努力成為小朋友喜歡的姊姊，乃至後來大四進入醫院實習，開始接觸到兒童物理治療，才感覺終於收穫了果實。因為有大一到大三服務隊的經驗，簡婕覺得最瘋狂的境界已經遇過了，所以不論面對任何狀況都比較不會害怕，相信自己可以控制好；也因為如此，實習時面對任何小朋友都能心平氣和的處理，多了信心和耐心，反而讓自己對兒童物理治療這一個領域產生興趣。

現在專攻兒童復健的簡婕說：「我很喜歡整個家庭一起努力的感覺，就是包括物理治療師還有家長一起為了這個孩子努力，這也是一種團隊合作！這就是我最喜歡小兒、喜歡兒復的地方。」

就像在見晴服務隊中，大家一起同心努力、單純想要幫助孩子的心，勇於克服困難，也是簡婕心裡最喜歡見晴服務隊的原因。其實在當時，這些孩子也都在這些大哥哥大姊姊心裡埋下一顆種子，不但是這些哥哥姊姊給孩子們榜樣和啟發，孩子們也啟發了這些哥哥姊姊，讓他們發現自己的專長和興趣，也和他們從互相陪伴中，一起成長、一起生出了勇氣。

# 生出救星蘋果營

另一個物治系隊員在見晴服務隊裡非常重要的收穫，就是誕生了另一個他們專屬的營隊——「救星蘋果營」。

二〇一〇年，九六級的蔡斗元擔任見晴服務隊隊長時，考量到物理治療系的專長和能力，另外幫這些學弟妹們創立專屬於物治系的營隊「救星蘋果營」——到臺東救星教養院服務，讓物理治療系的隊員都能像一顆顆種子一樣，長出甜美的蘋果。

救星蘋果營讓物理治療系的學弟妹可以增加實務和服務經驗，也讓弱勢的小朋友們可以得到幫助和陪伴。每年一次，在暑假的時候，見晴服務隊物治系的隊員會到臺東的救星教養院連續住兩個星期，去幫助那裡重度障礙、發展遲緩的孩子。祐如說，第一屆是斗元和一些醫學系的學長帶著他們一起去，後來變成傳統，物治系的成員也開始自己規畫傳承。後來有一位見晴服務隊隊員、本身也是原住民的同學何寧睿，就是因為參加了救星蘋果營，大學畢業後真的也到救星教養院去擔任物理治療師。直到現在，蘋果營也跟見晴服務隊一樣，依然定期在東部服勤著。

## 第五章 加入一件美好的事

每次的準備，都是為了有完美的出隊，理想目標很多：希望孩子可以喜歡努力準備的課程、希望孩子不無聊、希望孩子有進步、希望孩子可以感受到被愛、希望孩子更能照顧自己、多吸收一些衛生觀念讓自己更健康，甚至影響父母，但是一次又一次的參加，最大的動力，還是被需要的感覺。

「部落的孩子總是很容易跟我們建立感情，這是一種被擁戴的感覺，當你可以揹著他們的時候，你對他們就不一樣了，他們需要你！第一次有這麼多小朋友需要你，這是之前沒有遇過的心情。」一九九級的潘哲毅（現服役中），是小朋友口中的「史迪奇葛格」，他不喜歡用「服務」這個名稱，他覺得「服務」好像有上對下的感覺，他來見晴，其實就是來加入一件「美好的事」。

潘哲毅笑說，「其實就是一種虛榮感！」每當一下遊覽車，小朋友將他團團圍住，「史迪奇葛格」的呼喊聲此起彼落，就感覺到頭頂升起一圈光環。「其實想留在服務隊，不能說自己多麼有服務的熱情，而是見晴給了我一份光環，就是那一份虛榮心，是她給我的！」喜歡待在部落的心情，就是哲毅說「被捧在手心」的感覺。潘哲毅參加過扶根社、快健社、人醫社，最後在醫療服務隊投入最多心血，就是在這裡找到了歸屬感。有時候下午沒課，他就自己騎了一個小時的車去見晴，「就好像你有朋友在那裡，想去看看他們！」他會去幾個比較熟的小朋友家，先跟小朋友的阿嬤聊天，等小朋友們放學，然後會去關心幾個學生。「我對某家比較熟，有三兄弟跟一個妹妹。爸爸在西部工作，他們明顯比較火爆。」「我喜歡那時候單純的自己，只是單純想要去、喜歡那裡，而不是想要改變什麼、或想要發生什麼。」「我其實很想跟他們做朋友，只是不知道他們有沒有把我當朋友，我在這個地方、這個國小找到歸屬感。」他自嘲說，大三因為解剖課課業繁重而暫停服務隊，大四接了隊長，興高采烈回到見晴時，發現叫史迪奇葛格的人變少了，小朋友們有了「新歡」，自己頓時感到非常失落。

喜歡小孩的潘哲毅依賴著孩子們的需要，和孩子玩在一起感到快樂；而「冷靜自持」、承認「其實沒有那麼喜歡小孩」的林偉琳，在與小朋友的互動中，也不知不覺接受了那份最純真的友情。剛開始出隊時，遇到有理說不清的小朋友，偉琳心裡常常會有「到底想怎樣……」的不耐煩，所以他最喜歡的任務就是當「值星官」，因為值星官通常扮黑臉，負責管秩序，加上自認比較兇，很適合手插背後去巡堂。「兇完他們，他們就很討厭你，後來身分換了，我當隊輔的時候，他們就會記得『你之前兇過我』，就不理我了。」不過最令他感動的，是某一年寒假，他再度當大家討厭的值星官，營隊結束前一晚的營火晚會，每個小朋友會有三顆星星貼紙，可以貼在最喜歡的哥哥姊姊身上，結果整個晚會下來，林偉琳發現，自己明明就是被討厭的值星官，但卻獲得了最多的星星。

九三級的隊長連子賢（現為義大醫院家醫科主治醫師）永遠記得某一年的寒假，出隊剛好遇到她的生日，她在司令臺前跟小朋友們分享完畢要離開時，所有小朋友們一起對她唱生日快樂歌，唱完國語的「普通版」後還接著唱原住民語的「進階版」，原住民小朋友們美妙的歌聲在冬天裡格外溫暖，完全融化她的少女心，讓她感動久久無法忘懷。

當一年一年的相處，感情慢慢滋長，生命產生連結，彼此牽絆，早就分不清到底是誰給得多、誰受得多。這些小朋友就如同自己的弟弟妹妹一樣。像潘哲毅總覺得有朋友在那兒，就自己騎著摩托車過去的不少，有晚上跑去陪小朋友打籃球的、有幫忙教電腦的，甚至還有從花蓮市騎著腳踏車過去的「鐵人學長」，只為去看看那裡的孩子。因而除了固定的服務時間，其他對孩子們「重要的日子」，譬如村校聯合運動會、畢業典禮，慈濟大學的哥哥姊姊們一定組成「親友團」、「加油團」、「應援團」，小朋友跑步的時候聲嘶力竭的加油，甚至最後變成工作人員幫忙吹哨鳴槍；畢業典禮時許多大學男生哭得比小朋友還傷心，常被同學取笑，只能不好意思的說，自己當年畢業都沒流這麼多眼淚⋯⋯。

「我祈禱擁有一顆透明的心靈，和會流淚的眼睛，給我再去相信的勇氣⋯⋯」有一次營火晚會結束前，隊員們將所有小朋友們與大人們集合在司令台前，由三位大哥哥唱著〈夜空中最亮的星〉，並合唱大家最喜歡的樂團「五月天」的〈天使〉——獻給這群大哥哥大姊姊心中的小天使們。

隊員們知道，「其實有時候我們也會迷惘，不知道這樣子的陪伴到底能不能為他們帶來什麼好的改變，但是其實到最後發現，不一定是孩子們依賴著我們而已，其實我們也很依賴著孩子。」跟著小朋友們一起，彷彿重新當一次小孩、重新一起成長一次，也學會很多事情，因為「你就是我的天使、保護著我的天使，從此我再沒有憂傷。你就是我的天使、給我快樂的天使，甚至我學會了飛翔，飛過人間的無常，才懂愛才是寶藏；不管世界變得怎麼樣，只要有你，就會是天堂！」

## 一想到見晴就不會忘記的人

如果說，從九一級的牛光宇開始創隊，從無到有，九二級和九三級承先啟後，修正改進並積極招募新血，到了九四級和九五級則是讓服務隊強健及制度化的骨幹，到了九六級，則是讓慈濟醫療服務隊蓬勃燦爛——因為出現了兩個非常熱心、投入的隊長和副隊長，讓慈濟大學醫學系見晴醫療服務隊成為一個更充實、有質感、人文關懷與使命的服務團體。

### 松鼠哥哥

蔡斗元來自臺南，他是一個從幼稚園開始就會耍小心機不要上課，小學時也常跟媽媽說不要上學，要留在家裡煮飯的小孩。一直讓父母擔心長大「無法養活自己」的蔡斗元，直到高中時看了臺灣第一位無國界醫師宋睿祥寫的《無國界醫師行醫記：出走到賴比瑞亞》，啟蒙了他想當醫師幫助別人的熱情，父母常說沒有看過他在讀書的蔡斗元，在高三那一年發憤苦讀，讀書讀累了就看一、兩篇宋睿祥的行醫記激勵自己，努力衝刺下終於考上慈濟大學醫學系。

蔡斗元一進入慈大，就加入當時成立第二年的見晴醫療服務隊。他自嘲自己的兩顆門牙很像松鼠，所以就以「松鼠哥哥」的身分，拿出他們覺得和見晴部落特別搭配的「晴天娃娃」登場，馬上讓小朋友們印象深刻！喜歡小朋友的斗元，不怕小孩吵也不怕小孩頑皮，他覺得小朋友好可愛、互動很有趣，他喜歡帶活動，這讓他得到很大的成就感，看見部落，總想多為他們做點什麼。

「我們有著無限的熱情，一起為彼此的理想共同努力！我們有著用不完的體力，陪著小朋友一起跑著跳著！在這裡，有的只是一顆顆童真的心，和彼此間許多的互助與關心。」這是蔡斗元寫給見晴的心得，後來，也一直留在見晴服務隊的服務宗旨裡面。

大一入隊熱身之後，一升上大二的蔡斗元，馬上被學長姊委以重任擔任寒假三天營隊的出隊總召，笑說自己當時被「揠苗助長」，卻因而得到了很難得的經驗。總召（負責人）通常都是大三、大四以上有豐富服務經驗的學長姊擔任，當他升大二的暑假得知要當寒假營隊的總召，做事全力以赴的他緊張不已，第一步就先去把歷屆隊長和厲害的學長姊都先訪問一遍，以了解大家的經驗，也去找部落資源、並調查各營隊做得成功的方法。緊接著他又去報名一個叫做「好醫師先修營」的活動，實地去部落參訪，了解一些經營部落的作法。

因為做過功課，讓蔡斗元對營隊有了更完整的構想，很多想法都可以執行，譬如他將一個跟醫療有關的「TBH」——TEDDEY BEAR HOSPITAL—泰迪熊醫院帶進寒假營隊，透過小朋友模擬看病的過程，達到不害怕看醫生的目的。過程中由醫學生扮演醫生詢問病情，沿途教小朋友怎麼量血壓、怎麼包紮、如何做神經學檢查、怎麼聽肺部和心臟。加上隊友們緊密的互相連結，所以初試啼聲，那一年的寒假營隊就得到衛生福利部大專生營隊績效二〇〇八年（民國九十七年）寒假全國評比的第一名，後來每年寒假營隊照著這個模式精進改善，連續三年都得到全國評比第一名的佳績。

升上大四後，蔡斗元從學長姊手中接下見晴服務隊的帶領工作，細心溫柔對待部落，以及多方設想、設法解決問題的精神，不但學長們都欽佩他涉入之深，他的全心投入也都被學弟妹看在眼裡。他除了找社工系的賴月蜜老師來上課，也找來見晴社區和原住民部落的村里幹事來上課，告訴大家原住民的習慣和習俗。

比他小一屆的王傑熙就說，「蔡斗元是一個具有熱誠的隊長，不只在醫療知識上、在學業上，還是在服務隊上，讓我看到一個非常好的醫學典範。」物治系的李祐如則說：「他給別人的感覺，就是遇到事情非常沉穩，沒有看過他生氣或很兇，他會想辦法去解決，也會替見晴想到很多資源……他在我們的生活當中影響很大，有很多的想法和執行力！真的很崇拜他。」而蔡斗元的直屬學長、高他一屆的見晴服務隊長盧星翰則說：「他大一進來就說有一個祕密要告訴我，他夢想要當無國界醫師，他跟牛光宇非常像，就是真的去實踐，我在服務隊做很多事，有很大的原因也是斗元一直push（推）我，他太熱血了！」

寫計畫、擔任總召，結合各種不同的資源，也讓蔡斗元在文件管理、活動架構、企畫、整合等領域累積實力，並將帶隊能力訓練得非常扎實。大四擔任隊長那年，蔡斗元也促成首次帶著孩子走出部落體驗大學，以及更加奠定家訪制度的執行。

而蔡斗元的好搭檔，擔任副隊長的陳苡靜（現任林口長庚醫院小兒部住院醫師）則說，斗元是很有行動力的人，會想把事情做好，出隊前，總是充分準備。陳苡靜在大二的時候就擔任副隊長，蔡斗元則是擔任營隊召集人，兩人那時候很有雄心壯志，尤其蔡斗元，總想幫見晴找到很多資源、希望能減少年輕人流失、隔代教養或是發生兩性問題的狀況，並希望幫小朋友建立正確的觀念。他希望結合更多社會資源，除了見晴國小，也能擴展到幫助社區。不同於蔡斗元的積極和迫切，陳苡靜有著一般年輕女生難得的穩重氣質，她說，雖然有雄心壯志，但是執行起來有落差，就會有疲憊感，這是難免的，因此他和蔡斗元是以互補的方式討論合作，蔡斗元大四之後調整了自己的心情，陸續結合社工以及幫隊員上課、進修，增加和社區的互動。後來更因為物理治療系的加入，讓見晴醫療服務隊變得更多元而成熟。

## 從小立志當醫生的女孩

來自桃園的陳苡靜和蔡斗元是同班同學，也是最佳拍檔，但她和從小不喜歡讀書的蔡斗元完全不同。因為媽媽是北部某醫學中心的醫檢師，苡靜從小在醫院長大，她常常跟著媽媽下班經過醫院大廳時，看到很多病人因為急診室滿床而躺在大廳等待病床，小小心靈總覺得這些病人非常可憐，她當時就跟媽媽發下宏願：「我長大要當醫生幫助這些人！」

陳苡靜說，媽媽聽到她立定的志向後，「臉上非常的開心」，而總是自律又成熟的苡靜也沒有讓人失望，她一路讀到師大附中後順利考取慈濟大學醫學系。當上大學新鮮人後，苡靜並沒有馬上參加社團。她說，自己就讀的師大附中是一所學風很自由的高中，所以上大學之後，覺得各種社團好像都嘗試過了，並沒有特別讓她覺得有吸引力。後來醫學系的見晴醫療服務隊招募隊員時，看到了當時的隊長陳則叡，還有已經在醫院實習的創隊學長牛光宇。這兩位學長都有一種讓人不會害怕的「氣場」，尤其是光宇學長講話雖然溫溫的，但總讓人感到很誠懇，總讓人覺得很想回答他、跟他分享事情，因此她在大一上學期期中就加入了見晴醫療服務隊，整個大學生活，她只參加這個服務隊。

陳苡靜加入服務隊之後，代號「向日葵姊姊」，受到小朋友們歡迎的程度，被稱為「人氣天后」也不為過。物治系的隊員李祐如就說，自己剛開始被小朋友拒絕真的很沮喪，對比苡靜學姊的大受歡迎，真的讓她一方面驚豔、一方面也激勵自己可以做到！「完全可以感受到小朋友真的都非常喜歡她！她整個人散發著鄰家姊姊的光芒，直話直說、大方熱情，充滿陽光，小朋友看到她都會特別開心，真的就像一朵向日葵；就算一些高年級比較叛逆的孩子，也看得出很『尊敬』她，所以就很希望能像她一樣，可以這麼自然、這麼融洽的跟小朋友相處在一起。」

其實小朋友們長大後，談起最想念或最懷念的哥哥姊姊，「向日葵姊姊」幾乎都在排行榜上，會享有這樣的高人氣和受歡迎度，苡靜不是「浪得虛名」，而是下足功夫。

## 我們是來陪伴他們　不是管教他們

陳苡靜剛要加入見晴服務隊時，就有同學阻止她，跟她說「他們永遠都在打架。去那裡會很煩，他們都不聽你的話，怎麼講都沒用。」但陳苡靜去了之後，覺得並沒有像形容的這麼可怕，反而開心滿足的成分居多。她說：「我本來就很喜歡小朋友，跟他們應對不會很累。他們個性很直，我也是這樣直來直往的人，不用擔心什麼話不能說，反而覺得放鬆；但有些人可能真的覺得心力交瘁，也真的有不少人去過一次就不想再去了。」

苡靜不是覺得帶孩子很輕鬆，也不是覺得孩子很好帶；但是親身體驗、相處過後，陳苡靜清楚知道，為什麼有的同學會覺得累或無力。苡靜說：「每個人生活環境不一樣、個性不一樣，第一次接觸到原住民小孩，我們常會習慣用漢人的眼光和想法去看原住民的部落。」

於是她思考過這些小孩為什麼這麼「不聽話」，後來她發現，原來包括她自己、以及大部分的同學，都一直用自己小時候的生活經驗去跟他們相處，但這樣是「不對等的」——不但不知道小朋友們在想什麼，也沒有跟他們有心靈交流的機會。「譬如我們常常覺得，部落小孩為什麼在參加活動時總是赤著腳不穿鞋把腳弄得髒兮兮，也怕他們腳受傷，怎麼都講不聽，但是他們平常就沒有在穿鞋呀！還有怎麼常常活動進行到一半就脫隊了、或者就自己跑去玩其他的東西，甚至就自己跑回家了！因為這些孩子家就在學校後面，他們平常上課就常常翻個牆跑回家，這就是他平常的生活。」

「畢竟我們不是要去管教他們、也不是要去矯正他們，只是要去陪伴他們而已。」苡靜的體悟，讓她因此有更大的彈性和包容，但她也不諱言，這裡的孩子發起脾氣來，在盛怒之下，是聽不進任何話的！或許是因為太魯閣族本身就是驍勇善戰的族群，個性剛烈，而透過學校和社區的觀察，也會知道部落裡的長輩們，可能也都依照這種模式在處理自己的情緒；家裡不會有人教小朋友們怎麼控制消化自己的情緒，通常也不會有人等他們發飆冷靜下來，再好好跟他們講話。

陳苡靜了解了他們的成長背景和社會形態後，就會以比較放鬆的方式來與這些孩子相處，只要看到他們兇起來擺出「戰士」犀利的眼神和備戰的姿勢，就知道要把他們拉開！她也曾用一整個晚上等一個情緒狂飆的孩子穩定後才跟他好好講話。苡靜說，很多時候，真的不是只有「一般」的耐性可以應付，但也因此，讓她知道人在不理性的狀況下，別人是無法在冷靜的情緒中去引導對方，或讓他們說出心裡的事，這些親身體會的經驗，也磨出了自己更大的耐心和同理心。

不是用罵人，而是用真的很好奇、想了解他們的出發點去探索他們，陳苡靜發現這些孩子就會開始樂於分享。她更覺得，「陪伴」這兩個字是看起來很沒有意義，但卻是一個不知不覺可以擁有很大力量的行動。

陳苡靜印象最深刻的就是有一天，見晴國小的校園裡突然長出了一棵向日葵，小朋友們不可置信之餘，興奮的要留著這朵向日葵讓她看，大家排班輪流每天去澆水照顧，但是那一陣子她真的比較忙碌，落了一次出隊，再去的時候那朵向日葵已經謝了！雖然沒有親眼看到這朵奇妙的向日葵，但是小朋友們依然帶著她到那棵向日葵原本開花的地方，大家七嘴八舌的形容給她聽，讓她感受到孩子對她的重視與在乎，還有那平常似乎感受不到，卻在關鍵時刻，發現孩子已經將自己種在他們的心田裡了。

## 帶著孩子走出去

見晴醫療服務隊有一個口號，「服務的目的在終結服務。」他們的長遠想法，是希望陪著這一批又一批的孩子，讓原本的孩子長大了，就可以來當帶領的大哥哥大姊姊，然後一代一代接棒，自己生出力量。

見晴國小的老師們曾反應，當詢問孩子們將來的志願時，孩子們常回答要當農夫、工人。雖然當農夫、當建築工人也很好，但是從孩子的反應之中，老師們知道孩子們在這小小村落裡，鮮少接觸外在世界，若能幫他們打開視野，走出世界，孩子更能了解自己、知道自己要什麼。

為了幫小朋友們「打開視野」、「培養力量」，蔡斗元擔任隊長那一年，就辦了一個帶小朋友體驗大學生的活動，並請回已經大六在醫院實習的學長林偉琳擔任總召。

另一方面，服務隊在見晴國小駐地陪伴了好幾年，有一些小朋友已經長大升上國中，那時候隊長蔡斗元和副隊長陳苡靜覺得應該也要讓部落的哥哥姊姊一起參加活動，讓他們可以知道怎麼主辦一個活動、學習怎麼擔任一個大哥哥大姊姊領導的角色，有了經驗，以後也可以自己來執行。同時那時候剛好也傳有不良分子滲入國中校園，他們和鳳林國中輔導室李淑婷主任聯繫後，決定讓這些升上國中的學長姊們可以回來帶隊，一方面當學弟妹的榜樣、一方面學習舉辦活動、管理。

首先在營隊開始前，就先將這些已經升國高中的孩子先找出來，請他們擔任小隊輔，並提前將這些小隊輔請到慈濟大學「幹部訓練」，給他們負責的組別，有當活動組的哥哥、當生活組的姊姊，一邊交接任務、一邊讓他們去想想應該怎麼帶弟弟妹妹。由於這些已經升國中的孩子，也即將面臨高中選科，決定人生方向，於是醫學生在幹部訓練時，就先讓他們了解各系所在做什麼，所以就帶這群大小孩去看慈大的解剖教室、帶他們看標本、也帶他們參觀慈濟醫院、參觀慈大傳播系的電臺、兒家系的保母訓練等等。

隔天，營隊正式展開，這些擔任隊輔的大哥哥大姊姊們已經先將流程以及各路線走過一遍，更了解就更有責任感，肩負起帶著見晴國小所有的小蘿蔔頭到慈大參觀的任務。當時已經在國中念書的邱浩倫擔任小隊輔，看到慈濟大學的哥哥姊姊們在認真的講解，但小朋友們還是一陣混亂屢勸不聽的吵鬧，他因為知道這群哥哥姊姊很認真的準備，而且期待大家很認真、很有興趣的反應卻被一團混亂代替，甚至有小朋友跑走了，他也去追回來。邱浩倫心裡突然覺得不捨，於是他站起來大聲疾呼：「這群大哥哥大姊姊這麼用心辦活動，你們要好好用心聽。」這句話有沒有被這群小朋友們聽到不知道，但確定的是，每個字都被醫學生們聽進心裡，這群醫學生每個人心裡都覺得暖暖的，確實認真的付出陪伴，是可以看到回報的，小種子終於發芽長成小苗了。

走出部落，到大學參觀，對小朋友來說是全新的體驗，主要目的就是幫小朋友們多開一扇窗、讓小朋友知道人生的各種可能，大家都可以當大學生，都可以展翅飛翔。

很多時候，醫學生也會依據孩子的性向和興趣協助他們更加了解自己，而規畫不同行程。譬如家訪的時候，會發現因為經濟因素，很多孩子想當軍人，希望國中畢業後就可以從軍，於是醫學生得知有空軍展覽的時候，就帶著懷有從軍夢的小朋友們去空軍基地參觀，實地了解。當知道青少年可能會有吸毒的問題，為了讓部落孩子們了解嚴重性，就帶他們去認識司法警察，還實地到看守所、監獄，把犯人從監獄送到法庭的那條路走過一遍，法官也讓孩子們穿上律師袍、法官袍讓他們體驗，各行各業、各種不同的人生道路，都在自己腳下。

第六章

# 在春風裡

走入見晴部落，老師們，不只扮演師長的角色，更成為見晴服務隊的引路人，他們打開了醫學生的視野，引領他們一步步了解部落環境與文化生態，也更加理解孩子們的困境與需要。

## 發掘底層的珍珠

黎惠梅是一個從事教職十年後到見晴國小服務的漢人老師。她剛到見晴任教時，是負責帶班、教學的級任老師，當時她發現班上的學生常常功課無法完成，後來更發現，學生受家庭影響很深，功課沒有完成只是冰山一角，部落內一些家庭的價值觀有很多需要拔河；有些家庭確實有困境、會有外界的資助進來，但是往往多年後，困境還在。她從外往內看，客觀的視角可以看到許多問題，常常讓她深思家庭的動力在哪裡，部落裡很多家庭都存在這樣的困境，也讓這些孩子陷溺其中，看不到外面的狀況。

黎惠梅因為負責教學，後來恰巧遇到慈濟醫學院的賴靜蓉老師，因此積極引薦醫學生進來，在經過行政體系的許壽亮主任全力促成後，成就了這一段長達十年的緣分。許壽亮本身是太魯閣族的子弟，他和黎惠梅深知部落孩子欠缺的是機會和舞臺。偏鄉的孩子不容易在主流的教育體制內抓到機會，要改變要靠外部的力量，有外部的學生團體，對孩子的學習、增廣見聞以及除了老師之外關懷陪伴的角色，都是一股幫助他們打開羽翼往上飛的助力。

雖然透過黎惠梅的牽線，引進這群大學生來到見晴國小服務，大學生們也表現得非常有心且聰明，但是黎惠梅老師仍然在每次他們出隊時認真「跟隊」，想搞清楚這群大學生到底在做什麼、能做什麼。

跟了第一次之後，黎惠梅肯定這群醫學生帶活動真的跟一般大學生不一樣。但是在教育現場，她也有一雙清明的眼睛與想法。黎惠梅覺得，活動內容還是太過玩樂性質，實質幫助不大。於是她馬上跟這群醫學生溝通，希望他們「不要只當大哥哥大姊姊」，如果這樣的話，沒辦法把有力量的東西帶給小朋友；因為如果只是陪他們玩，任何人都可以。她認為這群醫學生應該、也有能力帶給孩子們不同面向的視野。

當時部落的小朋友對於性別、情感教育、身體界線的觀念較弱，但學校因為所有課程均有一定的進度，針對單一主題花費太多時間，只會排擠到其他課程，所以對於性教育的觀念都只有簡單的融入，點到為止，著墨的時間不多；也因此希望透過合作和課程設計，將更多正確觀念帶給社區，並提供一些發生過的事件，請大學生做情境模擬，提供小學生多元的情境和解決方法。許壽亮主任更在幾次出隊前，親自到慈濟大學跟醫學生們討論，並簡報學校的狀況，包括孩子處理的情形、輔導與個案家庭，還有學校現有的機制；以及進入教學現場後，他們會遇到班級的狀況，另有高關懷的學生，可以利用家訪去了解。

「我發覺他們真的很認真，我一講完，下一次出隊就開始做課程設計、RUN（跑）教案、分組，每一屆就自己去RUN主題了，不再只是像社團的大哥哥大姊姊去陪伴、玩樂。」黎惠梅說，這群醫學生一點就通，將知識層面、以及不同角度看世界的視野，帶進來給孩子，是非常難得的。「而且和其他大學生相比，生活常規真的很好。」課程結束後帶著小朋友收拾打掃，就是給孩子最好的示範。

黎老師說，在部落裡確實有些家庭的社經地位比較弱勢、隔代教養比其他地方多一些，對於這裡的孩子來說，可能去逛鳳林夜市就是大事，能夠去統冠、全聯超市，就是家族的大活動了。

花東貧富差距本來就大，部落裡很多家庭都存在著困境，家庭脫貧或脫困的能力仍然不足，也讓一些孩子同時處在這樣的情況而見不到外面的世界。黎老師說：「並不是孩子沒有能力被栽培，所以，雖然我還不知道讓醫學生進來之後能不能打開孩子的世界，但有不同的視野角度進入，或許有些珍珠就能被發掘。」

見晴服務隊開始有了課程設計的概念，接下來每一梯次出隊的總召就要負責發想主題，並分配給各組去發揮，彼此串連。剛開始，醫學生都會想要衛教小朋友，譬如教小朋友如何包紮、教小朋友透過顯微鏡檢查蟯蟲、教他們喝酒會肝硬化等等，讓小朋友體會日常醫療，除了教他們健康知識之外，也讓他們將來去看醫生不會感到害怕。

但是實施了幾次，這群醫學生發現自己能力有限，因為大部分去服務的都是大一到大四的學生，都還沒有到醫院實習的經驗，其實所知所聞跟一般大學差不多，甚至家訪時居民拿出藥單，他們也看不懂。對小朋友的衛教，同樣的東西教了一兩年之後，小朋友就會覺得怎麼每年都講一樣的，於是這群大學生開始變換主題，譬如介紹不同的國家、認識臺灣不同的地方，有時候教烹飪、教攝影等等。

邱岳聖就是當時在學烹飪時，烤了一片酥皮加上巧克力醬，驚為天人，不敢相信自己做出這麼好吃的食物，而發現自己對料理的興趣。當年發下豪語「我將來要當廚師！」的小朋友，現在已經在上騰工商就讀高中一年級，念的就是餐飲科。

邱岳聖回想在小學令人印象最深的一件事，就是某一個星期六，爸媽要帶他們全家去花蓮玩，當時爸爸媽媽帶他們去花蓮，就跟出國一樣，是他們小小心靈千盼萬盼的大事。但那個星期六，剛好遇到慈大醫學系出隊到見睛的日子，沒想到岳聖竟然主動跟父母說，他不要去花蓮，他要一個人留下來等大哥哥大姊姊。岳聖回想，「我到底有多愛這些大哥哥大姊姊呀！」

慢慢做出口碑、贏得孩子的心，為了更了解部落，許壽亮主任主動提文化活動的接觸，見晴服務隊又進一步完成「文化交流」的規畫。許壽亮說，雖然見晴是偏鄉、雖然外界對這個部落也有一些刻板印象，但部落仍是有很深的智慧存在其中。所以希望大學生要認識這邊的小朋友之前，就要先認識當地文化，主動花一點時間來了解，也是一個深入扎根的機會。於是見晴服務隊改變作法，到見晴的第三年寒假開始，每次舉辦寒假營隊之前，都會先辦一個「文化交流」活動。出隊前一天，所有的帶隊大學生、工作人員都會先來認識這個社區、進行文化交流、家訪學生、了解之後再進行課程。

## 迴盪原音的山谷

出隊前，負責文化交流的總召會先拜訪學校、社區耆老，詢問意願以及可以教給大學生們的社區歷史、風俗或是文化體驗。出隊前一天，醫學系學生提前到部落裡，請耆老講部落的歷史；請老師、小朋友的爸爸媽媽教他們見晴在地的文化；請當地居民教醫學生搗麻糬、竹筒飯、編織、敲木琴。此外，太魯閣族射箭、拔河、跳舞都很厲害，見晴國小射箭隊小朋友就教這些大哥哥大姊姊射箭，看著大哥哥大姊姊努力的學習，也會有做不好的時候，在歡笑中，一方面讓這些孩子重拾自信，認同自己；一方面讓醫學生更了解當地文化、也讓醫學生和當地居民有了更深的情感交流和連結。

營火晚會時，射箭隊的小朋友將火苗由遠方射入營火之中，營火熊熊燃燒，眾人響起陣陣歡呼，營火晚會也邀請家長一起來用餐、同歡。

這群大哥哥大姊姊知道原住民都天生有一副好歌喉，那時候歌唱比賽節目「星光大道」很受歡迎，有一次晚會，大學生們很用心的架了一個麥克風，好像一個歌唱舞臺，還製作了投影片讓小朋友可以點歌唱歌，還有可以打分數的跑馬燈，主持人說，「現在開始，你們可以跟楊宗瑋PK！」小朋友們歡呼一擁而上，屬於這個部落的歌聲，迴盪在原鄉的山谷中。

在營火前，大家一組一組一起聊天，分享著趣事以及彼此的故事，氣氛非常融洽，因為了解、為對方設想，彼此感覺又更靠近了！

## 不再只是訪客

九五級的副隊長陳亮萱承認，一開始去服務時，年紀比較輕，就覺得自己是去幫助他們。「我覺得我課業這麼忙，假日還犧牲了自己玩樂放鬆的時間或重要的事來這裡，就覺得你們應該要成長、也要懂得感謝。」不過她也笑說，「小孩就是很純真，不會被利益影響或刻意的迎合與討好，總是呈現他們真實的一面。」服務之後，她反而完全改觀，「會覺得每次去都是讓自己進步，我們反而是受益者。我變得比較有同理心、比較會反省自己，會去想他們需要的到底是什麼，我們給的真的很少，自己的成長還是最多的。」

看到醫療服務隊的用心，許壽亮主任很欣慰醫學生不是只把外部的資源（包括公衛體系、醫療服務）帶進來，而是也回歸到在地，變成不只是外來的訪客，而是彼此融入在一起，這樣，就容易打破界線、產生信任，碰到問題就可以坦誠的溝通了！

## 能去理解時　接受與包容就從這裡開始

部落，雖然感覺總是隨性、熱情、容易相處，卻也是一個很難進入的世界。

家訪，是為了讓部落的居民認識這群大學生，也讓大學生們認識部落。

每次家訪前，會由見晴國小選出六戶適合的住家。這些住家，可能是經濟較弱勢、比較需要關懷，或是孩子比較常參加活動、願意配合的家庭。

### 部落生活的日常

醫學生很多來自西部，「家訪」幾乎都是他們第一次深入部落，也才真正了解部落的家「長得是什麼樣子」。第一次接觸，醫學生發現部落的建築和西部透天厝差很多，部落大都是一層樓的矮房子或鐵皮屋，屋子裡燈光比較沒這麼明亮，尤其寒假家訪的時候都是在冬天，家裡不是用暖爐，而是就地取材使用廢輪胎的鋼圈，將木炭放在中間燃燒取暖；夏天時，全家一起睡在客廳裡，地板鋪上厚紙板就直接倒下睡了，這樣做不是沒錢買床，而是他們覺得這樣最舒服、最涼爽、最接地氣。原來，部落裡是都不鎖門的，隔壁家小朋友如果父母回家晚了，會自動跑來家裡玩、吃飯，家裡的小朋友也會到隔壁附近鄰居家吃飯，小朋友不只是一個家庭在照顧，而是整個部落的孩子。

## 終於得以理解　但這個過程很長

高中以前都沒有參加過服務隊、也沒有接觸過原住民的陳亮萱說，自己就是一個在都市長大的小孩，所以衝擊很大。她第一次到部落，看到孩子們可以赤腳跑來跑去、去水溝游泳、從水溝抓魚帶回家，整個人目瞪口呆。

還有一次去家訪，發現部落裡有人家竟然是燒柴煮飯，而不是用瓦斯爐，她心想這不是「古時候」三合院的場景，怎麼會出現在二十一世紀的現代？但家訪之後，她說：「我變得比較有同理心，可以開始想像因為這樣的家庭背景，這樣的孩子長大了，會有怎麼樣的想法和作法。以前常常覺得某些人怎麼會有這樣的想法、或做這樣的事，現在好像都比較能理解跟自己不同的人。而且相較之下真的會覺得自己其實過得很不錯，會比較知足，也因此懂得付出，是那種不會要求回報的付出。」

對於醫學生的反饋，黎惠梅老師有所詮釋，「當你能去理解時，接受與包容就從這裡開始了！」

黎惠梅來到部落後的第五、六年，開始擔任行政事務，跟部落有較多的接觸之後，才讓這個村莊比較接受她這位漢人老師，村裡的居民開始願意跟她打招呼：「大家才知道我對部落是有善意的，前面的過程，就是一種文化的融合，我並沒有想要教你什麼、或者改變你什麼，而是去承接你的痛苦、無奈，得以理解，但這個過程很長。」

## 家訪教我的事

家訪的過程，是測試社區是否接受這群外來大學生的過程；是大學生練習社交、溝通與表達的過程；是從學院走入部落的過程。家訪也是促成見晴服務隊不斷地改變觀念，以更尊重、更在地、更為他人設想的方式，來與部落交朋友。

潘哲毅說，經過學期中的第一次家訪，其實醫學生與社區還是很陌生的。通常到了寒假時第二次家訪，才會比較熟絡。每一次家訪都會有一張家訪紀錄單，內容包括有沒有參加傳統活動、家庭成員組成、家庭經濟狀況，或者藉由聊天了解有沒有家暴等狀況發生等等。那時候，潘哲毅常常覺得問這些問題有些突兀，有些家訪戶會避答、有些就會直接說「你們不要再來了！」也有些是宗教原因，不希望被有佛教背景的慈濟大學拜訪，或者是因為之前家訪有同學不小心給了承諾，但後來沒有參加出隊，也找不到給予承諾的人，可能原本只是允諾要送一只環保碗，失信卻帶給對方傷害。後來家訪單上的「慈濟大學見晴醫療服務隊」，也都改成「慈濟大學見晴育樂營」，就是希望不要因為「服務」這兩個字，讓部落覺得自己是有問題的一群人，不希望因為文字，反而誤會了彼此有不對等關係。

因為參與家訪的主要成員大都是一到四年級的大學生，尚未具備臨床專業能力，要給居民健康諮詢也不太有辦法，做到最後，醫療服務隊決定改變家訪方式，與其去人家家裡，把對方介紹給自己，倒不如反過來，將自己介紹給部落。

醫療服務隊透過定期的出隊，先跟小朋友們建立好關係，藉由小朋友的媒介，不但可以讓家長認識這群陪伴孩子的人，知道他們做什麼，更進一步希望家長們提出對服務隊的想法、希望他們做什麼。

醫療服務隊剛開始希望為小朋友們打開視野，所以介紹職業、科學、醫學，介紹哥哥姊姊認為有趣的大自然，但後來想要更深入，卻也遇到瓶頸，不太清楚該怎麼做。常常發送的問卷，也都是無效的回答，透過家訪，除了將自己介紹給部落，也更能了解這個社區比較需要什麼，穿進別人的鞋子，才能知道對方的真實感受。

九八級的李珮蓁（現為花蓮慈濟醫院婦產部住院醫師）就覺得，部落家訪後，自己實地看過別人的生活，才比較有同理心，比較不會「自以為是」。以前她都覺得明明很簡單的事，為什麼很多病人就是講不聽？但是經過家訪之後，才發現其實病人不是「講不聽」，而是「做不到」。譬如原本自己覺得有些糖尿病患為什麼不乖乖按時換藥打胰島素，有了家訪經驗才發現，很多人並不是正常上下班或者正常三餐，甚至上班地點和時間不能固定；有時候獨居者也真的找不到其他人可以幫忙換藥，並非不願配合。

潘哲毅和李健瑋，就因為家訪而幫助過一個孩子。因為平常接觸的大多是已經念國小的小朋友，有一次他們在家訪時，發現一個阿嬤帶著的幼稚園的小朋友眼睛往內歪斜，似乎看不太到，不太對勁。醫學生沒有太多資源，擔任隊長的潘哲毅馬上向正在醫院實習的學長蔡斗元求助，蔡斗元立刻跟當時醫學系主任、也是眼科醫師的許明木老師聯繫，許明木當週星期六即至見晴小朋友家中看診，但是當時蔡斗元還不會開車，也沒有車，解剖學系的王曰然老師得知後，就自己開著車、載許明木主任和蔡斗元到萬榮鄉的見晴部落，看完診再將他們載回花蓮。

許明木醫師認為這個孩子需要到醫院門診治療，潘哲毅甚至在孩子預約掛號當天到門診等待，卻發現媽媽沒有帶孩子就醫，才知道是補助款還沒下來，媽媽沒有足夠的錢支付交通費。後來在潘哲毅的追蹤下，這個小女孩定期治療，不但改善了視力，也成為班上成績最好的學生。

蔡斗元說，十八、十九歲就進入醫學系，如果能先進到社區，就能學習怎麼跟大人講話，就像大三的解剖課，對才二十歲還沒有經歷過太多死亡經驗的醫學生來說，學到很多。進入部落也是另一層面提早社會化，在如何與人溝通這方面，受到更扎實的訓練。

如今已經是住院醫師的斗元，回想後來到醫院實習的時候，發現部落很多原住民小朋友冬天都會氣喘發作，通常在醫院照顧一兩天就好了，但是回家後，往往隔天又發作被送回醫院。斗元說，沒有去過部落的人一定不知道為什麼，但是只要去過，就知道因為原住民冬天習慣在家裡燒炭取暖，燒炭的的煙容易引起小朋友氣喘，所以就能給予比較實用的建議。

斗元覺得醫師這個職業要多認識文化、做跨文化的溝通，如果一直像個孩子，什麼都不知道就進入醫院，很多時候會講出讓人很傻眼的話、做出不當的舉動。若能早一點了解社會，進入職場後犯的唐突冒失就會少一些。而有了這種跨文化的人生經驗，跟其他族群聊天就比較不難，也比較能互相了解，對方或病人也比較聽得進去建議，不會覺得跟醫師在不同世界。

就如見晴國小的黎惠梅老師所說，當你能包容別人的不同，也就是理解自己也有很多缺憾的開始，也才看得到，原來自己的視野也是狹隘的。

「比起我知道的大學生，我覺得他們很聰明，很優秀，」黎惠梅老師說，醫學生來到部落，「那是一條人生道路上的風景，誰領略了什麼，每個人不同，有人看到紅花盛開、有人看到綠意凋零，但畢竟都是這條路上成長的力量。」

## 貝克漢出場

說到成長，給這群醫學系學生在對待服務這件事的精神和實質運作上提供很大助力的，是一位社工系的指導老師。

賴月蜜是慈濟大學社工系副教授兼系主任，她的服務經歷遠遠回溯到大學時期。念臺大法律系時，賴月蜜就是臺大慈幼社山地服務團的一員，大一就開始在臺東南橫公路裡的利稻部落服務，因此當她到慈濟大學任教不久，當時正跟著關山慈院IDS巡迴醫療在利稻服務的人醫社，認識了利稻國小的主任邱榮義老師，才知道原來邱榮義就是賴月蜜大學時服務過的原住民孩子。

賴月蜜就服務的精神與理念，與人醫社重新討論，並讓社員省思到底是「誰服務誰？」賴月蜜認為，大學生應該提升服務的專業，若只是做一次性的觀光性質團體，這樣就等於在消費部落的孩子，而不是提供服務了。由於擔任人醫社社長的許晉譯同時也是見晴服務隊的一員，許晉譯介紹見晴服務隊同學蔡斗元認識了賴月蜜老師，積極的斗元熱情的邀請有法律和社工以及各種扶助經驗的賴月蜜老師來當指導老師，幫隊員上課培訓，厚植大家的實力。

賴月蜜第一次去見晴的時候，剛好是見晴國小舉辦運動會，蔡斗元邀請賴月蜜老師一起去參加，她欣然答應。那一次賴月蜜跟著大批人馬一起騎著摩托車從花蓮市騎到萬榮鄉，騎到一半突然下起大雨，斗元問老師要不要停下來穿雨衣，賴月蜜則說，「路上都沒有人在穿雨衣，快點走！」大家於是就冒著雨騎著摩托車抵達見晴國小，斗元後來說，我沒有見過這樣子的老師。

二〇〇九年，見晴服務隊剛成立滿三年，賴月蜜老師進來擔任指導老師。

賴月蜜當時也是花蓮縣兒童及少年福利促進委員會委員、花蓮縣家庭暴力防治委員會委員、花蓮地方法院檢察署犯罪被害人保護委員會委員等，二〇〇九年她剛開始指導見晴服務隊後不久，在某次花蓮縣社會處的個案討論會議，才驚覺兒童相關權益事件已經發生三年之久，於是，已經諸事纏身的賴月蜜自告奮勇表示「願意砸我的時間進去」，當時的社會處處長也立即組成花蓮縣萬榮鄉部落危機小組，賴月蜜即擔任該小組指導老師，後續由社會處主導、教育、衛政、警政、民間團體、當地的村長、校長、村里幹事、心理諮商等人進來，每個月在見晴部落開會討論、檢視大家的分工與合作，為期一年，也終於見到成效。

會後，鳳林國中輔導室主任李淑婷老師馬上發了一封信給賴月蜜，「這個會開N百次了，『您的出現，感覺好像貝克漢上場！』」賴月蜜的出現幫李淑婷打了一針強心劑！見晴國小的學童畢業之後幾乎都就讀鳳林國中，李淑婷當時為了要了解社區之中每個家戶和孩子們之間的關係與事件，早把與事件相關的孩子都畫了家系圖與生態圖，讓賴月蜜相當驚歎這個老師真的是最了解孩子的人。

結合公部門資源，賴月蜜開始帶進社工系，申請了社會處的「看見晴天——遇見你，花蓮縣萬榮鄉見晴村」計畫，及教育部補助大專校院辦理認輔計畫「大手護小手，攜手向晴——慈濟大學認輔花蓮縣萬榮鄉見晴部落國中小學生計畫」，結合社工系和醫學系的學生，每個月要帶一次鳳林國中和見晴國小的孩子，一對一的照顧，見晴醫療服務隊也定期在見晴國小服務，見晴慢慢開始不同。

學法律的賴月蜜，在法院就負責調解的業務，她出國進修時研究的也是家事調解(family mediation)，由於部落的孩子情緒管理不好，一直是國小老師們的困擾，服務隊出隊時也常常感受到孩子脾氣容易衝動暴躁，加上隔代教養，祖父母常常管不動。於是賴月蜜就把她專業的家事調解這一套運用在小學生上，舉辦「花蓮縣萬榮鄉見晴國小讓我們好好說——和平大使培訓課程」，每個星期三到學校教小朋友情緒管理、同儕調解(peer mediation），課程中有許多的演練與角色扮演，訓練小朋友自己當小小調解委員，譬如當A和B吵架的時候，調解委員C就要負責調解，當C下次心情不好，他就比較會自己調整情緒了。

就這樣上課、練習了一段時間，賴月蜜老師幫孩子上完課，服務隊辦營隊時感受到明顯不同，就很高興的跟賴月蜜提到，「上完老師課的孩子，現在吵起架來不一樣了！會用說的，比較不會動手了！」

由於效果良好，見晴國小也希望賴月蜜幫老師們上課，教老師們怎麼帶領小孩。賴月蜜心想，如果要訓練見晴的老師，乾脆整個花蓮的老師一起訓練吧，也因此，後來賴老師進一步帶領「花蓮縣一百年度友善校園學生事務及輔導工作計畫——和平大使小小調解員種子教師培訓課程」，協助國小教師將同儕調解帶進課堂的管理，輔導孩子們的情緒並解決衝突，整個過程，醫療服務隊的蔡斗元都擔任培訓課程的助理。

賴月蜜說，自己在臺大就讀時，參加的「山地服務社」的訓練是非常嚴格的，扎實的程度，甚至不下於她後來社工的專業訓練；所以她常自稱「主修山服、副修法律」。而且，山服團團規嚴格，如果上課或訓練三次未到，立即退團、服務隊出隊時都必須自掏腰包買半夜莒光號的火車票，然後再自己想辦法到山裡的部落，晚上睡教室地板。相比之下，現在的學生，常常出去不必自己花費，還有遊覽車可以搭乘，甚至住民宿，條件和資源是好太多了。雖然環境今昔不同，但她對學生唯一的要求，就是服務隊不同於觀光團，必須要讓自己是「Qualify」，有能力的，要專業，才能去服務他人，而不是被服務，或者傷害了對方。

賴月蜜說，有服務經驗，通常會認為對這些醫學生未來當醫生是有所助益的。但是賴月蜜很珍惜部落裡的大人小孩，認為既然是「服務」，就應該讓有理念的人進來，而不是把他人當實驗品，動心起念差異很大。賴月蜜強調，如果只是要服務經驗，也可以去海邊撿垃圾，去掃地，當面對的是人，就必須要嚴格把關，因為這些服務的大學生，也都是被服務小朋友的學習標竿。

後來賴月蜜老師不定期的和核心幹部開會，提供意見，並為服務隊上課；包括家訪技巧、會談技巧、出隊的時候或在部落遇到問題該怎麼解決。她也協助見晴醫療服務隊招募新生，讓新生了解來醫療服務隊應該要做哪些事、及該有的服務熱忱。賴月蜜很高興的說，後來雖然忙，也比較淡出服務隊，但是看到學生不斷地自我要求和進步，確實是很令人欣慰。

「在過程中把自己弄得很扎實、要讓自己像樣。付出當然不求回報，但之後會發現自我一直在累積、被增強，」賴月蜜說，「我本來是念法律，因為社團讓我改變了人生的方向。這些孩子的體驗在我自己身上也得到很大的驗證，這樣的服務經驗改變了自己對人生價值觀的看法，願力願力，有願就有力，服務性社團的影響真的很大。但更重要的是，在付出的同時，百分之一千獲得最多的是自己。」

# 第七章 部落的孩子

「翱翔、穿越蒼天，見識從未見過的一切；
離開、就算迷失方向，但仍繼續向上！」

——美國女詩人埃德娜．聖文森特．米萊（Edna St. Vincent Millay 1892—1950）

在見晴國小擔任多年教導主任的許壽亮和老師發現，回家常常沒寫作業的學生，只要父母陪在身邊，不需要教，孩子的作業完成度就會高，一旦作業做好，他的學習態度就會慢慢改變。許壽亮說，慈濟大學見晴醫療服務隊一直在做的，不論是大學生的身教，或是帶進來的東西，最重要的就是陪伴。對孩子的教育，最基礎的要求，就是陪伴。

學教育的他，以知名的「馬斯洛需求層次理論」佐證，一定要解決最基本的生理需求，愛與關懷都獲得滿足，才能慢慢自我實現。許壽亮在見晴服務八年，他看到原本部落孩子們在最基礎的需求層面被限縮，見晴醫療服務隊帶來基本三餐、愛與關懷，當這些都獲得滿足後，孩子才能理解、接納自己，才能去做自己想做的事。最基礎的需求解決之後，他就能融入設計的課程裡，當他融入之後，就可以慢慢激發潛能，儘管是偏鄉孩子，仍會創造出我們無法想像的成果。

## 當年的孩子長大了

邱岳聖三年級的那個夏天，是他最心碎的夏天。就在暑假來臨前幾天，他非常崇拜的爸爸因為肝硬化過世。岳聖說，爸爸很會畫畫、字寫得很漂亮，後來病到無法說話，還是用筆跟他們溝通。爸爸去世之後，岳聖總一再想起，爸爸被送進急診，身上插滿管子，因為無法說話，手上掛著鈴鐺，爸爸每次想要跟家人說話時舉起手，鈴鐺就會響起來的聲音。

### 哥哥姊姊的愛填補了失去父親的痛

原本就比較內向的岳聖，在爸爸去世後覺得自己好像少了一個靠山，很羨慕有爸爸的同學。由於媽媽常常要出去工作，他自己一個人待在家裡，非常想念爸爸，因此讓他更加孤僻。還好當時有慈濟醫學系的大哥哥大姊姊來陪伴，讓自己有備受寵愛的感覺，每次跟著去闖關，跟著哥哥姊姊一起玩，不論自己耍脾氣或頑皮，哥哥姊姊們都會聆聽他的心聲，當下都覺得非常幸福。他也很感謝因為哥哥姊姊帶活動，讓他原本覺得很陌生的高年級學長，也因此熟悉起來，自己也慢慢走出陰霾，變得更加活潑。

## 找回自信的全勤獎

他記得見晴服務隊的哥哥姊姊曾帶大家去老人院關懷長者，在哥哥姊姊的鼓勵下，他鼓起勇氣表演跳舞，在地板上「獨秀」，盡量放開自己！有幾次闖關，自己卡關了，哥哥姊姊都會在旁邊鼓勵他，或者自己闖關失敗非常難過，哥哥姊姊也會告訴他沒有關係，再接再厲就好。

個性內向的邱岳聖，非常驕傲的說，自己是見晴服務隊的「全勤獎」，從小學一年級到六年級，只要服務隊有來學校，大大小小的活動他沒有一次缺席，包括爸爸媽媽要帶他去花蓮玩那一次。

岳聖說，以前很多事沒有自信去做，但因為有哥哥姊姊們的陪伴，增加了很多自信，更有勇氣去嘗試，不怕失敗。現在已經升上高中的岳聖，朝著他當年對哥哥姊姊立定的志願「廚師」前進，進入上騰中學餐飲科就讀。平常課餘去打一些零工，譬如幫忙瓜農拉藤、為瓜苗鋪設帆布等，賺一些零用錢；雖然他自己對學科還是沒有什麼信心，但對術科卻非常有興趣，他在就讀餐飲科一年級的半學期內，就連續考上了素食丙級、米食丙級以及餐旅服務丙級三張證照，被老師誇獎是學校的創紀錄者。後來他代表學校參加花蓮盃技能競賽，更在創意果雕上獲得「人氣王」獎項，幫他增加不少自信。

## 志工男孩的過意不去

而從小就很貼心又有領導風範的邱浩倫，長大了變成小隊輔，常常幫忙管理秩序，因為自己走過不受控制到成長懂事的階段，他也常常對弟弟妹妹們曉以大義，成為許多大哥哥大姊姊印象都非常深刻的「小暖男」。

邱浩倫印象深刻的是，當時自己升上國中，得知哥哥姊姊們要帶部落的弟弟妹妹們參觀大學，請他和其他同學回來當小隊輔時，原本非常高興，但當時這些哥哥姊姊帶他們去參觀解剖學科，並且看大體老師的介紹影片，讓他非常害怕，而且默默想著，怎麼人死了之後還要被「切來切去」，心裡暗暗發誓，「我以後絕對不要再踏進慈濟大學一步！」但他逐漸長大，更加懂事，後來了解了大體老師犧牲自己的身體提供學術研究，反而覺得真的是一件非常神聖的事，對大體老師升起敬佩之心。

受了慈濟大學大哥哥大姊姊影響，邱浩倫升上高中後，參加了東埔寨的志工服務計畫，到東埔寨深山裡沒水、沒電的偏遠部落服務。邱浩倫說，當時服務了四個部落，其中有三個部落裡都是孤兒，很多都是因為戰爭父母雙亡而留下的孩子。

他還記得當自己拿了鉛筆或橡皮擦給這些孩子，他們的第一個動作都是放進嘴裡，讓自己受到很大的衝擊！看到這些孩子的飢餓、才知道原來有些地方物資非常缺乏，甚至很難吃飽，因此常常想起以前自己在部落時，慈濟大學的大哥哥大姊姊來服務的情形。他記得當時大哥哥大姊姊常常叮嚀他們不要浪費，但是原住民喜歡吃肉，覺得素食不合胃口，常常餐點只吃一點點就倒掉；做了志工回想起，以前完全沒有想到種菜農夫、煮飯阿姨的辛苦，內心因此覺得後悔而過意不去。離開柬埔寨後，他說，自己對各種欲望也都更淡然，做任何事，也想得比別人更多更謹慎。

## 原來自己都記得

邱浩倫說，以前慈濟大學的哥哥姊姊在上課時，大家亂成一片，但是隔了很多年長大之後，回想當初這些哥哥姊姊教他們要怎麼洗頭才乾淨、怎麼刷牙才不會牙齦出血，還有各種器官功能，竟然都想得起來，歷歷在目，沒想到都被自己聽進去了，甚至哥哥姊姊放在一個透明盒子裡的一條動來動去超級臭的蟲，他都記得是如果沒有做好衛生，就會長在肚子裡的蟲。大哥哥大姊姊說的話，也常常就從腦海跳出來。

目前在大學就讀設計系的邱浩倫說，自己比較好強、自我要求高，所以在外縣市一邊讀書一邊打工，不希望他人知道自己是原住民而投以異樣的眼光或者有刻板的印象。但是他和以前的「松鼠哥哥」蔡斗元一直有聯絡，蔡斗元一直會給他很多的建議，關心他的生活，甚至到高雄出差，也會找他一起吃飯，不久後要結婚的蔡斗元，邀請他參加婚禮，邱浩倫說，自己一定會參加，要為松鼠哥哥送上最誠摯的祝福。

## 飄過時間之海的友情

二〇一六年的春天，一張來自非洲布吉納法索的明信片，悄悄地躺在王郁軒位於花蓮縣萬榮鄉見晴村家裡的信箱裡。

這是郁軒盼望了一個月的明信片，終於收到的這一天，她好興奮！馬上把明信片拿去影印店護貝起來。

「郁軒，好久不見，最近過得好嗎？

在臉書上看到你，感覺比小時候長大多了，也變漂亮嘍！

今年我在西部非洲的布吉納法索當兵（國家派我們來幫當地民眾看病！）

很多事情都很有趣，也跟我們想像的非洲很不一樣。

但有件事還是不變，就是非洲有些國家用水很不方便。像照片裡的人，布國人不像臺灣有水龍頭，他們所有的生活用水都要自己去井水站，裝在大桶子，再推回家，大熱天裡格外辛苦，我們在臺灣真的很幸福！

斗元留　二〇一六、三、十五」

郁軒翻到明信片正面，正是一個皮膚黝黑的小男孩，在大太陽下的黃土地上，推著大水桶站在水井前，怯生生的看著鏡頭。這是「松鼠哥哥」蔡斗元到非洲服醫療替代役時，在國外生活有感而寄給她的問候，也是她有生以來第一次收到從國外寄給她的信件。郁軒摸著圖案看起來很特別的外國郵票，上面的郵戳BURKINA FASO（布吉納法索），確實是松鼠哥哥從非洲寄出，穿越歐亞大陸來到她的手中。

郁軒有三個姊姊，但是年紀與她相差很多，加上她從小就過繼給養父養母，養父家有一個年紀大他很多的哥哥，早已經離家，平常父母上班工作的時候，她大都一個人在家，也讓她個性文靜內向。小學三年級的時候，郁軒很依賴的媽媽（養母）因為肝病而過世，讓她頓失所依，不知道未來該怎麼走。她說，從小印象裡，爸爸媽媽的身體都不太好，原本在大理石工廠工作的父親，也曾經因為心肌梗塞，開刀才撿回一命，病癒後決定開始務農，到山上種植香蕉。以前總是嚷著說，以後老了可能需要媽媽照顧的爸爸，看到媽媽比他先走，常常感傷的提著「她怎麼就先走了呢……」，看到爸爸的悲傷，也讓郁軒小小心靈感到更加孤獨而傷感。功課很好的郁軒，國中畢業後考上國立花蓮女中，從萬榮鄉到花蓮市區就讀，喜歡英文的她已經通過初級全民英檢，更準備挑戰中級，現在高中三年級的郁軒，也到了開始要選擇大學科系的時候；知道長大了之後凡事都要靠自己的郁軒，考慮過護理、外文、資訊和法律等科系，最喜歡資訊和法律。後來考量到長輩們跟她說過，現在原住民在法律上比較弱勢、人才不多，若能走法律這條路，將來可以有較好的出路、也可以幫助族人。郁軒考量後決定報考東華大學原住民法律專班，一方面顧及自己的興趣，一方面離家近，可以就近照顧爸爸，更能減少許多生活花費。

## 走出部落才知道需要更努力

從見晴部落到花蓮女中就讀的郁軒，平常利用課餘時間到學校的行政處室工讀，賺點零用錢。她說，可能因為從小參加見晴服務隊舉辦的營隊，受到醫學系哥哥姊姊們的影響，現在也開始擔任志工參加服務；譬如課餘之時，他會去世界展望會擔任「飢餓三十」的工作人員、到老人之家服務，暑假的時候，她擔任失親兒基金會鐵馬行的志工，陪著小朋友一起騎腳踏車遊縱谷，帶著小朋友們到老人之家陪伴、到其他社區掃街等等。

郁軒說，會想參加志工活動，其實是一種「回饋」的心。「因為想到以前哥哥姊姊也是這樣帶著我們，但是自己實際去帶小朋友之後，才發現事情沒有想像中的簡單。」郁軒笑著回憶，以前在部落裡，其實覺得自己已經很厲害，每次考試都「隨便考一考」就第一名，但是走出村子求學，才發現高手很多，自己並沒有想像的強；但也因為有了做志工和求學的經驗，知道天地之大，開始崇拜起以前醫學系的哥哥姊姊們，這麼會讀書又這麼會辦活動，「才是真的非常厲害！」

其實郁軒不只會讀書，木琴、射箭都很厲害！慈濟大學見晴服務隊要出隊的前一天，隊員都會先到部落體會部落傳統文化，郁軒當時就是擔任指導小老師的身分。郁軒也參加當時由李國華老師帶領的拔河隊，更代表花蓮到外縣市比賽獲得全國第二名，她因為熱愛拔河，曾想過要到臺北的景美女中就讀。

郁軒覺得拔河不但訓練了自己的體力、也訓練了自己的專注能力和毅力，讓自己的心更能靜下來，專注於自己的目標，不會容易受到很多引誘或是貪玩而分心。而大哥哥大姊姊帶給她的，就是視野的拓展和陪伴。她印象深刻的，也是哥哥姊姊們帶來的「蟲蟲」，讓她知道要注重衛生。見晴服務隊也讓她第一次看到、摸到聽診器，對他們來說，平常是沒有什麼機會可以實際接觸到這些醫療器材，沒有什麼比這個讓人興奮。而去慈濟大學參觀那次，不但第一次睡在大學校園裡，也看到許多系所和珍貴的醫療器材，眼界大開。

最令她感動的就是哥哥姊姊們無私而熱情的陪伴，想起以前因為自己個性比較文靜內向，所以不會主動找大哥哥大姊姊聊天，但是她從不會覺得被冷落。慈濟大學的哥哥姊姊總樂於分享自己在學校的生活，主動跟她聊天，讓她感覺很親近。她想起那時候的闖關活動，哥哥姊姊們在部落好幾個地方駐點，拉著她的手同心協力的一關一關往前跑，那也是她第一次、真正的、好好認識自己成長的部落。

令郁軒最難忘的事，就是她讀中年級的時候，哈利波特的小說和電影非常受歡迎，松鼠哥哥蔡斗元為了鼓勵她，就說要送《哈利波特》的小說給她，讓她非常興奮，收到書之後，她真的努力的讀了很久，終於把字很小又厚厚的一本書全部看完，《哈利波特》也因此成為她第一本讀完的小說；她讀完之後，松鼠哥哥又送了她第二本，她也看完了。而這兩本松鼠哥哥去二手書店買來送給她的書，她還一直收藏在自己的書架上，就像斗元哥哥用便利貼黏在書扉裡寫的「祝你得到克服困境、勇往直前的勇氣！」這些年，如同這些大哥哥大姊姊一直陪伴身旁、讓她一直充滿勇氣、努力的向前！

二〇一八年七月，郁軒如願考取了東華大學原住民法律專班，成功朝夢想邁進了一大步。

## 信仰的力量

剛滿十九歲的邱紅雲，去年六月高中畢業，七月進入軍隊服志願役，希望利用四年的時間好好存錢，也好好想一想可以為自己、為部落做些什麼。

邱紅雲的父母因為長年都在西部的建築工地辛勤的打工，他和弟弟妹妹都是阿嬤帶大的孩子。也因為如此，紅雲受阿嬤影響很深，阿嬤是虔誠的基督徒，邱紅雲從小就被阿嬤催促著上教堂，紅雲從原本的百般不願意，漸漸的從信仰中感受到安定心靈的力量，加上阿嬤慈藹的影響，總在生活中時時為他禱告，讓他感受到溫暖與被愛。

儘管父母不在身邊，早熟而懂事的他，卻總是管理好自己，並照顧弟妹妹。紅雲是見晴國小領取縣長獎第一名畢業的學生，但因為覺得父母工作很辛苦、不願意增加父母經濟的負擔，成績優異的他，國中畢業後選擇放棄就讀普通高中，他考上錄取分數也相當高的花蓮高工電機科，原本設想參加花蓮高工與中國鋼鐵公司長期的建教合作，利用暑假到中鋼實習的機會，提早習得一技之長，並到穩定的大公司就職協助家計。

沒想到他升上高二那年，中國鋼鐵公司和學校暫停了實習計畫，原本的目標落空，讓他頓時不知如何是好，高中畢業後，紅雲和好友相約一起入伍，簽下四年的志願役，決定利用這四年有薪給的役期，好好存錢，也思考自己的未來。

紅雲說，以前因為阿嬤年紀也大，除了有時候姑姑會帶著阿嬤跟他們一起出門，否則平常很少到花蓮市，所以當見晴服務隊的大哥哥大姊姊帶著他們到花蓮去參觀大學，真的讓他大開眼界！第一次看到高階顯微鏡下的世界時，還驚呼「好酷！」，想當然耳當時的興奮之情，他知道這些都是非常昂貴的器材，也知道是大哥哥大姊姊特別為他們準備的！

## 牢記在心的溫暖

而寒假營隊結束前一天晚上的營火晚會也讓他非常難忘，紅雲說因為實在很難得有這樣的機會，可以大家圍著這麼大的火堆相聚在一起，哥哥姊姊們跳舞、分享，熊熊火焰照亮天空，讓他留下很美的回憶。

他還記得，小學畢業時，服務隊的哥哥姊姊們還特別來參加，當司儀一喊「畢業生進場！」他就看見進場走道的兩旁站著大哥哥大姊姊幫他歡呼；而最讓紅雲覺得「很棒」、感動而印象深刻的，就是這群大哥哥大姊姊的家訪。

紅雲說，其實阿嬤年紀大了、身體不好，記得每次哥哥姊姊們來家訪，雖然阿嬤只會講太魯閣語，但是覺得有人陪他聊天，阿嬤都真的很開心！阿嬤眼睛開過刀看不清楚、膝蓋常常會痛，阿嬤就會跟哥哥姊姊們敘述她的病情和不舒服，這些哥哥姊姊總是很認真的找出處理的辦法，讓阿嬤很開心很感動，也讓他當時小小的心靈，真真實實感覺到即時受到幫助的溫暖！

從小就是醫學系哥哥姊姊眼中很會照顧弟弟妹妹的邱紅雲，現在長大了，成為見晴長老教會青年會的副會長，常帶領部落的年輕人一起唱詩歌、敬拜、讀聖經、奉獻。紅雲不抽菸、不喝酒也不吃檳榔，不迷戀都市的繁華世界，喜歡見晴，在同輩中，更顯得樸素而沉穩。紅雲說，「還是鄉下好，人少！」住在鄉下可能樂趣比較少、娛樂比較少，但是鄉下很安靜，適合休息。對他來說，家裡有撫養他長大的阿嬤、還有給他力量的教會，是他安心生活的居處。現在只要一有休假，紅雲就會回家陪伴阿嬤，也關心一下妹妹和弟弟。他說，以前服務隊的哥哥姊姊們衛教時，其實都知道抽菸會得肺病、喝酒對肝不好、吃檳榔會得口腔癌，加上教會給他的穩定力量，當自己從內心知道這些東西不好，自然就不會想碰。

## 謝謝你們讓我認識世界

以前被阿嬤強迫到教會的紅雲，起初不甘願，但是過了一段時間，感受到心靈上帶來的力量，紅雲開始知道心靈上真正感到舒適的狀態是什麼，「不是吃飽飯的那種舒服，而是打從心裡升起、無法形容的那種舒服！」所以他也開始擔任志工，並為小朋友舉辦營隊，希望幫社區的孩子找到心靈的力量。

舉辦營隊就要開始規畫課程、排團康活動，最累的是要照顧每位學員的狀態和心情，讓紅雲直呼這真的不是很容易的事，「真的要帶過才知道！」紅雲說，也因為帶活動，因此常常回想起自己小時候參加見晴服務隊時，應該也常常帶來很多麻煩。從前參加營隊，總以為哥哥姊姊只是很高興的跟自己一起玩玩就好了，現在輪到自己來陪小朋友，才知道以前當自己在睡覺休息時，這群哥哥姊姊們一定做了很多自己不知道的、很辛苦的事。

「因為他們，我認識了更多人，也為我的國小生活創造了更多回憶！」邱紅雲說，「尤其像我這樣隔代教養的小孩，更需要有這樣的機會，多認識這世界。」許多回憶被他留在心裡保存著，儘管生活不容易，年輕的心仍保留著感恩和感動，在長大後即使身處複雜的世界，也學會信任自己，就能不被影響，用自己的節奏和腳步、在自己喜歡的地方踏實的生活。

## 走回部落的醫生

見晴醫療服務隊到了第七年，二〇〇八年，醫學系來了一個大一新生王傑熙。王傑熙一報到，發現系上有一個醫療服務性社團見晴服務隊，驚訝又激動的他馬上加入服務隊，因為他就是見晴部落長大的孩子。

### 看到二十年前的自己

因為父母工作忙碌，王傑熙也算是「週間隔代教養」的孩子，從小和一些表兄弟姊妹跟著外婆住在見晴部落，只有假日才跟父母團聚，直到讀小學時外婆去世，才回家跟父母一起生活。如今仍有很多親戚住在見晴。

剛回到部落服務，傑熙覺得「很酷」，但開始和小朋友相處，「好像看到二十幾年前的我一樣。」傑熙說，自己小時候在大人眼中是很難帶的小孩，那些頑皮小孩做過的事，自己全都做過，所以常常覺得頭痛之餘，也很有親切感，往往想要好好教他們，但是想到自己以前就是這個樣子，實在也拿不出什麼威嚴。因為傑熙知道，孩子不是心地不好，而是比較「真誠」的表達他們自己、沒有過多的「修飾」，因而展現出太狂野、太天真的面貌，但部落的小孩其實是充滿感情的。這些孩子剛開始可能真的很難帶，自己也會覺得他們好像怎麼教都不太聽話、很愛鬧，可是幾天相處下來，大哥哥大姊姊一離開，孩子都哭成一片，他說，「部落的孩子是會動真情的。」

傑熙回想小時候，媽媽也曾帶著他去參加大學生舉辦的類似營隊。他說，其實孩子當下不會有太多感觸，但是有部落外的大哥哥大姊姊來陪我們、教我們很多東西、用心準備那麼多節目和教材，又花這麼多時間跟我們玩，當時真的是非常開心！雖然那個年紀不會想太多、也不會想太遠，但是這些大哥哥大姊姊，確實教給他們很多在部落、在學校學不到的東西。小時候令他印象最深刻的一件事，就是大哥哥大姊姊教大家西餐禮儀；如何擺放刀叉，如何取用，雖然看似很平常，卻讓當時的他非常驚奇，第一次知道原來吃飯也有禮儀、有規則，平常都吵吵鬧鬧的他們，甚至連父母也不會知道有這些規矩。

## 永遠不要放棄

自己從部落出身，也更了解部落，傑熙看到自己的國小同學，因為生活、工作不是很正常而需要打零工，必須託人照顧獨自在家的女兒，以至於照顧的人很複雜；後來又因為他的住家遇到火災，孩子更須常常到不同人家寄住。傑熙和媽媽偶爾會買個故事書、彩色筆給這個小女孩，發現小女孩非常有繪畫天分，若能好好栽培前途不可限量，雖然心裡會覺得，這樣的孩子可以生活得更好，但他也清楚的看到，孩子的興趣和理想，往往被現實環境給限制住了。

「真的想多幫忙一些，但能力有限。」一直是傑熙在服務隊覺得很無奈的地方。儘管如此，他認為醫療服務隊來到部落，除了幫助、引導這些小朋友，也可以讓外面更多人看到社會問題、家庭結構。「這些問題不只自己的部落有，其他比較窮困的社區也會有這種問題。」因此他覺得，不是只讓大家看到貧窮而捐錢，而是讓社會都可以看到造成貧窮的問題，從而改變社會結構、盡可能避免創造出更多類似的家庭缺陷。

也因為自己就是這樣一個在部落長大又走回部落的孩子，王傑熙對於這些孩子更能設身處地的著想。傑熙常常讓孩子知道，以前自己也是這個樣子，現在也大學畢業了，他會跟孩子說，不一定要讀書才能成功，「但我會希望他們能多讀點書、完成學業，在完成學業的這個途中去了解自己，不管再怎麼艱難，不要放棄人生中的任何一個可能，也不要放棄去完成人生中的目標！」「再怎麼困難都絕對不要放棄，因為在過程中可以發掘自己、也可以創造屬於自己更精彩的故事。」傑熙說，自己以前家境也不好，爸媽很辛苦，但也是撐過來了，因此他希望這些弟弟妹妹，不管家境再怎麼困難，都要好好讀書，讀書真的很重要，除了讀書之外，最重要的是探索自己。

## 環境的影響力

原本也是愛玩的王傑熙，在三年級以前都屬於「野生動物」，一直到四年級父親決定幫他轉到一個比較小、但是重視課業的學校，傑熙度過極不適應、一直吵著轉回去的過程後，慢慢發現自己有讀書的能力。國中之後，老師覺得他可以給自己一些目標和讀書計畫，他慢慢找到信心之後，成績就開始轉好。傑熙說，自己是一個很容易受環境影響的人，高中時同學們努力讀書，他也發憤變強，聯考時考上輔仁大學醫學系，想到在臺北生活又需要自費，考量家境因素後去參加獨立聯招的原住民公費生考試，考上了之後就選擇公費，到慈濟大學醫學系就讀，七年下來沒有後悔。

剛開始讀醫學系時，王傑熙感到有點迷茫，也真的覺得有點趕不上，不太適應；因為他總認為大學生應該可以一直玩，但是醫學系要一直讀書，非常辛苦！然而看到父母全力支持，他告訴自己要忠於自己的選擇不要放棄，到了大三，開始學醫學專科、神經解剖等等，慢慢引起更多興趣，成績也慢慢有了起色，到了進醫院開始臨床課程，讓他看到未來的光芒和志向。大四那年，他終於把之前被當掉的學科補修完成，順利考上國考。

## 立志回鄉走基層

大五、大六進醫院展開實習，傑熙常常會碰到很多來自自己部落的病人，就會覺得以前那些充滿親切感的老人家，為什麼會進到醫院？有時候也會想，如果躺在病床上是自己的親人或是熟人，自己的感覺又是什麼？當時他開始覺得當醫生是一個很特別的工作，可以真正幫助到別人，可以用自己的專長、在第一線去幫助到自己家鄉的人。那時候，王傑熙就立志要走基層醫療。

部落裡的老人家、甚至年輕人病識感都很差，通常到醫院已經很嚴重，是王傑熙最大的感觸。王傑熙說，「我去臺北、臺中實習，每天都會看到有病人因為一點雞毛蒜皮的小事就來找醫生，但是到部落，發現有肺結核病人已經咳了好幾個禮拜了，也不會去醫院，到醫院通常都已經快要敗血症了……」他發現部落的病識感真的有待加強，衛教也差很多，再加上職業病、老人病、群聚疾病，再者，部落裡酒太容易取得，喝酒也會造成很多慢性疾病，連帶造成肝、腎、胃、食道疾病等等，部落很多狀況是可以靠衛教和基層的服務來慢慢做預防，家醫科正可以在這方面幫助這些病人。

剛服完醫療替代役的王傑熙說，這就是他想走家醫科一個很大的願力，希望能利用這個機會培養自己基層醫療的實力。基層就是要多去服務、了解，而流行病學就是區域性的疾病，在還沒有了解之前，要怎麼去診斷，都是要先做好功課。見晴服務隊的家訪，就是要走在醫療之前，先了解他們的生活環境、語言、文化，如果還沒有了解生活習慣就去做基層醫療，一定會碰到很大的問題和阻礙。

所以他認為參加見晴服務隊真的給自己很大的幫助，也有很大的啟發。王傑熙說，跟小朋友相處，會想盡辦法希望自己可以做更多，雖然不容易，但是給自己學習的機會、給自己挑戰。一直到出社會面對病人，病人也會希望醫生把病看好、解決問題，醫生可以間接的透過治療疾病來了解病人的狀況，也可以因為治療疾病進而為他們的生活問題解套。而在見晴跟小朋友相處的過程，也從他們身上學會怎麼協助對方解決問題。

從原本是一個被服務的小朋友，因為見晴服務隊角色互換，而成為一個帶領者；王傑熙說，以前很多大哥哥大姊姊也是教自己這些事情，現在自己也在做，那種傳承的感覺，讓自己都覺得感動，他也希望這些孩子長大能盡情地去發現自我，然後當自己強壯了，就可以透過自己的力量，回來幫助家鄉的人。

# 第八章 在路上

一轉眼，見晴醫療服務隊已經持續運作了十年，大學生與小學生、和社區彼此之間的熟悉，就像寫信、問候、陪伴這般如常的在這個小部落裡運作。現在除了固定的每年寒假舉辦的三天兩夜營隊、一學期兩次的週間一日營隊，以及穿插在一日營隊之間、每三週一次的陪伴計畫。這樣做到底改變了些什麼？最篤定是，一切都在往希望的路上前進……

## 陪伴計畫

九九級的潘哲毅在二年級下學期時擔任副隊長，常常想要多陪伴孩子，因此平常沒有出隊的日子，他一有空便會自己騎著機車下鄉去探望，他思考著，如果真的要陪伴，一個學期三、四次還是太少了，如果常去，或許可以幫忙孩子的課業。因為自己常常想去，他也猜測是不是也會有人有跟他一樣的想法？於是，他就跟同班同學紀春秀創了一個「陪伴計畫」。

「陪伴計畫」的預設目標是每兩週的週六或週日下午，見晴服務隊都會由自願的隊員來陪伴孩子，包含遊戲、其他才藝活動，並輔導課業。

儘管服務隊已經成立很久，儘管有滿滿的熱情，事情並沒有想像中順利。

## 剝劍筍剝開社區的大門

潘哲毅到學校洽談希望能提供場地，但是最初支持見晴服務隊的許壽亮主任已經調離，校方以考量小朋友的安全、需有正式公文，以及場地費、電費等等，加上平常夜間也有其他機構的課輔，建議他們到社區找教會商量。

潘哲毅轉向到社區教會尋求協助，教會的回覆也是「不方便」，因為水管漏水、管線有問題。從學校和教會的回應裡，他們隱約感受到不受歡迎，連續兩次碰壁，讓他們頗為挫折，心想只是想借一個場地帶著小朋友們看書、閱讀，單純的事情似乎變得很困難。

儘管如此，潘哲毅心裡更加堅定，「因為對方不知道我們要做什麼，以為我們可能是宗教團體要傳教，如果知道我們要做什麼、我們只是學生、沒有目的性，只是單純來陪伴小朋友，一定會支持的。」潘哲毅知道社區因為不了解，當然覺得沒有必要幫助他們。後來他和紀春秀再到村辦公室尋求援助，跟村幹事仔細說明了想法，獲得大力支持。村幹事並指點迷津，有關社區事務，一定要找村長；他們才知道，在這裡辦活動這麼多年了，連大家長都不太認識，實在有些失禮。

透過熱情村幹事的幫忙，好不容易聯絡上村長，沒想到村長也推說在忙不方便而「婉拒」。熱情的村幹事跨上摩托車，直接領著兩人到村長家，只見村長全家正在忙著剝箭竹筍，看到醫學生來了也是冷漠不太相理，最後潘哲毅和紀春秀就厚著臉皮，蹲下來幫忙剝箭竹筍，剝到太陽已經下山，村長終於態度改變，開口問他們想要做什麼。潘哲毅跟村長說明想要執行陪伴計畫，需要空間，村長沉吟之後問他，自己有認識的孩子但不是讀見晴國小，可不可以參加？這下才終於借到場地，順利推動。

「當時覺得自己真的可以打開社區這扇門！」潘哲毅說，之後每次去家訪，有一站一定是村長家。後來陪伴計畫順利的在見晴社區活動中心進行了一段時間，過不久，見晴國小的窗口換了一位熱心的女老師，願意在每次醫學生前來陪伴小朋友時，她也來校「陪醫學生」，一方面協助場地，一方面提供一些行政援助，「陪伴計畫」再度回到見晴國小。

## 我們的熱情不只六千元

每兩個星期六下午，服務隊成員會去兩個小時。前一個小時參加的小朋友要帶著功課來寫完，後一個小時會有一個小課程，譬如打球、摺紙、攝影等等。當時潘哲毅和紀春秀寫了一個向衛福部申請經費的方案「見晴陪伴計畫」，但第一次申請計畫也不順利，原本以為期限最後一天前寄出成果即可，但後來發現學校要先跑公文，要蓋很多章，要貼許多車票和各種核銷文件，以及各項細瑣的規定，潘哲毅說，那時候接近大三解剖學口試，大家忙著K書，他們忙著貼核銷表單，最後沒有核銷成功，其實總共的花費只有六千多元，「那時候有點嘔氣，我們的熱情絕對不只這六千元！」

## 是不是得來太容易？

做完半學期，發現決定做陪伴計畫的時候好像有點衝動，沒有想得很清楚就去辦這個活動。因為最大的問題還是大一點的小朋友只想來玩、來打球，幼稚園的小朋友只想要你跟著他們跑來跑去，他們又開始懷疑起自己做這件事的意義在哪裡？

後來潘哲毅四年級接隊長時，決定教他們攝影，因為攝影對這些部落孩子來說，不但是他們覺得新奇的東西，拍完的照片也是小朋友們的作品，之後可以幫他們開攝影展。後來，大學生開始教黑白攝影、動態攝影、人物特寫等等，隊員們貢獻自己的相機，有單眼相機的也大方出借。

一開始小朋友很愛拍照，情緒來了就一直取景拍攝。但是後來隊員們發現，會不會太容易把東西給孩子了？相機應該是一個很珍貴的東西，大家大方的借出了單眼相機或高級相機，潘哲毅向爸爸借的那一臺就被撞到了，父親發現他們沒有很愛惜這些東西不是很高興。檢討之後發現，大家想給的太多了，小朋友容易得到就不懂珍惜，雖然小朋友難免這樣，但還是有些失望。

## 不為什麼而來

潘哲毅說，曾經有學長問他，「你覺得服務隊的意義是什麼？」學長說，他參加了三年，小朋友並沒有因為我們變得比較乖，上課還是一樣頂嘴、一樣打架，沒有因為我們改變。

潘哲毅說，我不知道怎麼回答。後來，一樣是在一次寒假見晴營隊的最後一個晚上，他問哥哥潘哲彬同樣的問題。潘哲彬是高潘哲毅一屆的學長，也是他將弟弟拉進服務隊的。「我哥哥就跟我說，我們不是要讓他們一下子，課餘知識就懂很多，或馬上立定未來志向；只要這群小朋友裡面，有一個小朋友長大之後想到：曾經有這們一群大哥哥大姊姊花了課餘時間、寒假時間來陪他們，而願意長大之後有能力回來回饋給地方，那服務隊就算成功了！」

「雖然我們傳達的東西不是很專業，然而學生最珍貴的就是態度，大家真的就是無私、不為什麼而來！」潘哲毅說。

## 從社區到醫院

一方面身體力行、以增加頻率和時間的方式，落實陪伴部落孩子的想法。另一方面，學長蔡斗元在七年級到慈濟醫院小兒科實習後，發現花蓮唯一的兒童癌症專科醫師楊尚憲醫師是醫學系八五級的學長，看到學長致力於幫助花東地區的病童，照顧的族群和見晴服務隊一樣，都是天真的小朋友。為了讓醫學系的學弟妹除了照顧部落孩子外，也能在大五進入醫院實習前，提早了解醫院的運作，更有助於學弟妹在醫療和服務之間可以銜接，於是在二〇一四年開始，見晴服務隊與花蓮慈院小兒科的兒癌病友會結合，舉辦了第一次「與我童行」——暑期兒癌育樂營。

## 面對不同的小朋友

「與我童行」與病友會整合，而當家長們與醫師進行座談、交流與問答時，見晴醫療服務隊則發揮強項，負責帶領病童們活動。

每年育樂營開始前，依循見晴服務隊品管嚴實的「慣例」，會有兩天的幹訓，之後緊接著兩天的營隊。幹訓期間，請楊尚憲醫師先就兒童癌症以及培養與病童、家長的同理心，讓參與的隊員都能在心理和實務上做好準備，隊員們也修了「團體動力學」，學習各種不同的溝通方式和凝聚模式。幹訓期間，隊員們一樣會討論遊戲的進行方式並製作各種道具，由於病童和一般健康的孩子在體力和心理狀態上不太一樣，因此設計的遊戲也會有所變化，設計完之後，隊員們會再試跑一次，對於一些坐著輪椅、或行動不方便的小朋友，也會準備氣球、圖卡還有專人服務，照顧每一位小朋友。

由於兒癌育樂營在暑假舉辦，正是醫學生放假的時候，加上醫學生暑假有招募高中生參加的醫學營、國考等重點活動，也考驗著隊員們是否願意在暑假期間特地回到花蓮值勤。二〇一五年的暑期兒癌育樂營，剛好又遇到颱風影響，大學生們克服萬難，從各地趕回，十九組家長和病童熱情參與，見晴服務隊帶著病童和家長體驗傳播系實習廣播電台錄音、親子闖關，成功舉辦了皆大歡喜的營隊。到了二〇一七年，隊員維持在約四十人，服務的家長和病童已經達到六十七人。

二〇一七年營隊結束後隊員分享：「活動中聽到師母和家長們閒聊，問道『這暑假有帶孩子去哪裡玩嗎？』有家長回：『沒有，只能帶孩子來這次兒癌的營隊。』」「今年有一點小感傷，因為去年來參加的一位小朋友前些日子去當天使了。不過師母說，去年他參加時玩得很開心，雖然最後走了，但在這煎熬的治療過程中，是帶著那段快樂的回憶的。」

## 從社區到醫院　見情見晴

因為「與我童行」，見晴醫療服務隊的陪伴，也從原本的歡樂，滲進了他們沒有想過的感傷氛圍。原本道別時的再見，變成了不一定會再相見的可能，這樣的經驗，也讓這群醫學生提前感受到醫療不只有專業和治病，更需要具備的，是能夠在每一次的失敗、失望或悲傷後，依然能將落花化成春泥，變成成長成熟的養分，有恆地繼續前進。

「謝謝大家特別花這幾天回到花蓮，幫小朋友們辦了這樣的活動。當天下午我們在玩大地遊戲時，家長們在會議室內彼此分享照顧心得。特別是小孩罹病中的家長，訴說自己目前遇到的狀況，其他已經走過來的家屬給予建議。因為這樣，很多家長有機會說出很難找人傾訴的事情，因而得到共鳴與支持，更有勇氣去面對未知的治療結果。因為大家今天的付出，讓孩子們玩得開心，家長放心，也可以擁有幾個小時面對彼此、舒壓打氣的時間……」營隊結束之後，同學將過程做成影片，將心情化成文字淡淡地分享。

見晴醫療服務隊帶這群醫學生走出學院殿堂，進入社區，了解偏鄉真實的生活，打開他們的視野；另一方面，也帶著他們進入醫院，在他們即將發揮才能的領域，先為他們鋪設了柔軟的序曲，帶著他們進入另一個堂奧。

與此同時，原本一心想選兒科的蔡斗元，也發現第一型糖尿病友在東部的困境。第一型糖尿病多好發於小孩或青少年，並非遺傳也並非飲食造成，而是自體免疫系統失調，必須終身依賴胰島素施打，若未能控制得宜，容易造成酮酸中毒而陷入極大的生命危險之中。二〇〇九年，花蓮唯一專攻兒童遺傳、內分泌及新陳代謝的朱紹盈醫師成立花東第一個第一型糖尿病友會，但後來中間卻因為很多資源、人力等種種原因而中斷多年。蔡斗元記得，在兒科實習時，曾遇見一個罹患第一型糖尿病卻不願意打胰島素的女孩住進加護病房。他發現這些孩子非常辛苦，不能逛夜市、每天必須嚴格控制飲食，連喝一杯咖啡都要計算醣類，每天三餐都要打胰島素，卻被很多人誤會為施打毒品。因此二〇一四年底，蔡斗元在「慈濟大學MIHARASI見晴醫療服務隊」的臉書社團裡號召學弟妹，希望借助大家的力量，一起在二〇一五年一月重新啟動花蓮慈濟醫院的第一型糖尿病友會「齊聚一糖」——TIDM總動員，除了幫助這群先天罹患罕見疾病的孩子，也讓學弟妹可以學習糖尿病的核心概念、緊急處理方式、醫病互動的技巧以及病患的心理變化、疾病與家庭、社會的關係，其實都是對醫學生非常珍貴的經驗。

現在，「與我童行」和「齊聚一糖」都變成見晴服務隊每年固定的服務項目之一，也成為在見晴部落之外，醫學生可以另外學習與發揮的地方。蔡斗元笑說，其實剛開始會啟動與醫院小兒科合作的「與我童行」，一方面因為看到學長楊尚憲醫師和朱紹盈醫師在東部盡心盡力的為小病患服務，楊醫師也很願意讓學弟妹一起加入幫助兒癌家庭的行列；另一方面，他不諱言其實是想把見晴服務隊「轉型」成「只做醫療」的服務隊。

不過，蔡斗元想轉型的想法後來沒有實現，因為與見晴部落長時間的相處，服務的熱情以及與部落的感情，在學弟妹的傳承下有聲有色的持續進行，但也因此，服務隊新增了在醫院陪伴病童、並讓家長喘息的「與我童行」和「齊聚一糖」的業務，與見晴部落雙軌並行，一醫療、一社區，見晴醫療服務隊，因此具備了更多醫療和人文的使命了。

## 該走還是該留

蔡斗元擔任隊長時，積極的幫部落、也幫見晴服務隊想過各種可能，當時見晴服務隊已經運轉了五年，已是一個非常成熟的團隊，但理想主義的蔡斗元總覺得服務的深度依然未能達到標準，到他大五那年，雖然已經交接，但仍常和核心幹部與學弟妹們討論，似乎也感覺到學生社團的困境——每年主導的人不一樣，沒有一個人貫穿其中指導或長期進駐，方向容易失真，每一屆的醫學生氣質和興趣不同，不一定都對服務有心，有的只是由學長姊傳承下來，就讓它平平淡淡的過去。「所以成效就像看股票趨勢一樣，上上下下，經費一直在流失，而且人員來來去去，我擔心對部落來講也是一種負面的影響。」蔡斗元說。

蔡斗元擔任隊長時，許晉譯擔任課程組長，那時候夥伴常常對是否要轉型或者要去要留做討論。許晉譯說，那時候服務隊真的有些辛苦、迷惱，真的覺得大家已經很努力了，但是以學生社團的性質，期中和寒假加起來，再怎麼努力，一年可能花了二十天在這個部落陪小朋友，但是其他的三百四十天，小朋友們還是回歸自己的社區和家庭，很難從一次一次的活動去改變小朋友的生活習慣，所以常常覺得每次回去，一切努力打回原點，感到心有餘而力不足。

後來，斗元提議由已升上國中的孩子來當隊輔，讓國中生來帶自己村裡的小朋友，若自己能有善的循環會更好，若能上手，那麼服務隊就可以撤出見晴，達到「服務的目的在終結服務」這個目標。

國中生確實帶小學生實行了幾次，甚至也在寒假營隊帶小朋友參觀慈濟大學那一次，經過獨立幹訓，發揮了哥哥姊姊的影響力，但之後仍是不了了之。主要國中生課業壓力大，另外也還不夠成熟獨立到足以自己帶著小弟弟小妹妹。

許晉譯說，其實有出身自部落的人帶領，絕對是比外來的人來帶領更好，臺東縣南橫公路裡的利稻部落，就有一個很好的例子。以前臺灣大學的山服社去服務、帶領利稻部落的小朋友，帶了很多屆很多屆之後，有一個小朋友去考了體專，之後當了老師，又考上主任後，決定回饋鄉里，就回到部落裡的學校服務，這個孩子就是後來人醫社去利稻服務時，與他們接洽的利稻國小邱榮義主任。而一路上一直輔導、帶領邱榮義的那個大學生，就是現在的賴月蜜老師。

部落孩子長成部落青年、再回到部落服務，感覺是非常美好的未來，卻也是非常稀有的例子。大部分的人都還是清楚，有些回到部落的青壯年，其實是在西部「混不下去」或找不到工作才回鄉，常常失意潦倒，對孩子的教育也很難掌握跟上。

雖然對服務隊存在的意義感到迷惘，但這群醫學生仍想辦法創造各種可能，譬如另外增加病友會以及「與我童行」的兒癌暑期育樂營，也增加了陪伴計畫，用更多時間去陪伴孩子。蔡斗元的副隊長陳苡靜覺得，大家很容易陷入一個迷思，就是當你做到一個地步的時候就會想要做更多，但是沒辦法做更多的時候，就會想要換一個地方。陳苡靜認為，要換地方不是不可以，服務隊的最終目的就是離開那個地方，表示那個地方已經不需要協助，或是任務已經完成。但是不應該覺得「玩膩了」就換，其實在服務的過程中，社區如果有新的問題或困難需要服務隊去幫忙，當然就會有新的任務，但是如果沒有的話，對社區來講也不算壞事。

同是人醫社隊員的許晉譯說，人醫社有一次到見晴部落的隔壁村辦活動，雖然是同一個族群、同一個鄉鎮，孩子所展現出來的狀態卻是差很多。那時候服務隊已經在見晴部落陪伴了好幾屆，隊員和孩子們早已培養出默契，不論是禮貌、生活態度，都已經慢慢導正，平常沒有感覺，但是到鄰村卻有明顯感受。所以，他們的耕耘到底有沒有意義或影響，雖然沒有自信，但是彷彿仍看出了差異。

# 一定會繼續燃燒的小太陽

二〇一四年的寒假，營隊所有活動結束之後，小朋友們都回家了，這時夜色已深，所有的隊員們跟著學長姊到見晴國小的校園中，大家圍成一個圈圈，每個人面前都有一個蠟燭，圈圈裡面，有螢光棒圍成的小太陽，這是最後的團聚時間，大家輪流拿起麥克風，分享在這段時間的回憶還有想說的話。「雖然我即將從這服務隊離開了，但是我相信著，在萬榮鄉，這朵小太陽一定會繼續燃燒著！」即將離開服務隊的學長，感性的告白，在黑暗中，彼此看不到彼此的表情，大家默默拭去眼淚，包括正在念大一的張凱閎和黃裕文，因為那是一份大家一路走來，長期凝聚的革命情感、對服務隊永遠的期待。

到二〇一七年冬天，慈濟大學見晴醫療服務隊的寒假營隊負責人是一〇二級的黃裕文，他已經是大四的學長，而距離創隊學長姊第一次出隊到見晴，已近十年了。由於社區裡青壯人口外流，部落裡幾乎都是老人和小孩，這次的主題活動是認識社區、族群認同，以及因應部落中為數不少的隔代教養，所以也開始帶領小朋友了解長者的居家照護。

六、七個小朋友們一組，依照低年級、中年級和高年級的年齡來區分，大學生會發給小朋友們一張跟大桌子一樣大的圖畫紙，大家一起畫出自己「心目中」見晴社區的街道圖。起點為見晴國小，從國小出發，畫出社區有哪些人在做什麼、經營什麼樣的店，並畫出自己的家，說說自己家裡住著誰、在做什麼事情，等大家畫完了，就推派一個代表上臺分享。

有的人介紹自己村子有彩虹、有橋、有教堂，有的人介紹我爸爸開早餐店，有的人介紹自己很會敲木琴，這次活動希望透過標示自己的家、了解居家附近在做哪些事，讓小朋友用自己的生活經驗了解自己居住的地方有哪些特色，讓他們更認識自己的村子，目的是幫他們將來走出部落後，能有歸屬感、了解自己的部落，當有人問起他們來自何處，每個人都可以自信的介紹自己的家鄉。

黃裕文說，出隊前曾與公衛系高靜懿老師討論過，高老師做過原住民的相關教案，將整個社區視為一個共享的系統，譬如社區中有十個老人，這十個老人就有十種不同的技能，所以這次出隊前，就以高老師的教案為藍圖，運用在見晴部落，出隊前先配合國小的課程，請小朋友先調查。譬如有一個阿嬤很會編織、有一個阿嬤經營過早餐店，就把這樣的資源共享給全村。希望結合社區的凝聚力，產生社區的認同感。

## 幫幫郵局　幫你傳遞問候與思念

而現在在見晴國小的走廊，還有一個專門隸屬於見晴服務隊的信箱，信箱裡面是要請「幫幫郵局」寄送、還有收「幫幫郵局」寄來的信。「幫幫郵局」是一〇二級的隊長張凱閎和學長姊、夥伴們一起想出來的點子。

因為平常不能時時刻刻陪在孩子身邊，因此有了「幫幫郵局」，學期初、學期末的時候，每個隊員都會寄信給他們認領的小朋友，關心他們的生活、課業，也會跟他們先預告營隊要舉辦哪些活動，平常小朋友們也可以透過「幫幫郵局」，寄信給他們的哥哥姊姊。

「安琪，我是嚕嚕米哥哥，不知道你最近好嗎？上次你跟我說的祕密我都保守著，祝段考順利，下次去期待你跟我分享你的功課！」黃裕文在學校段考前，寫信給他認領的小女生，而張凱閎則寫給他一年級寒假見晴家訪的女生小雲（化名），當時小雲還沒進國小，遇到事情很容易哭，但一年一年過去，發現小雲慢慢長大，還會照顧自己的弟弟妹妹。張凱閎說，因為小雲家裡狀況不是太好，而她還是很努力的維持姊姊的樣子，看到孩子的努力，他能做的就是多鼓勵她，寫信給她時總會誇獎她的進步與懂事。

## 希望自己能對這個社區愈來愈有用

而這次寒假營隊的家訪，其中一個家訪戶小涵（化名），與祖母相依為命，因為血管瘤，小涵從小整隻右手必須一直綁著壓力手套。裕文說，小涵家裡非常窄小，長得太高的人進門可能還會撞到頭，那一次去家訪的隊員有十幾個人，好像都快要塞不進去那小小房子裡了。

那回，已經在擔任家醫科住院醫師的盧星翰學長也回去陪他們一起家訪。裕文印象深刻的是，小涵的祖母從冰箱拿出藥品，叨唸著孩子從小就要吃這麼多藥，叨唸著兒子和女兒似乎感情不好，也沒有時間再照顧老人家和小孩……等等，裕文當時覺得，小涵和祖母是原住民，也處在資源相對弱勢的處境，加上小涵的血管瘤，可能從小就會受到異樣眼光，但是小涵是一個很堅強的女生，不像有些小朋友，去家訪時總是很害羞，那次家訪，盧星翰學長就可以直接問小涵和阿嬤相關的疾病，給予一些建議，並直接幫她們掛號到醫院做進一步治療。黃裕文說，看到星翰學長也是見晴服務隊早期元老之一，這次回去家訪，跟大學生比起來就不只是熱忱，還有醫療專業，也更能對當地有所幫助。

看到學長的成長，就像鼓勵自己，有朝一日也可以有同樣的能力來幫助需要的人。

「在見晴這個地方十年了，有人問過我會不會想要換個地方，」張凱閎說：「我們這一屆跟主要幹部也討論過，我們後來得出的結論，就是希望跟這些部落孩子成為『朋友的關係』，在他們的成長環境裡遇到的，大部分是同一群人，或者是些比較年長的長輩。我們和小朋友雖然也有年齡差距，但沒有差那麼多，希望能在他們的成長路上，成為彼此能夠幫忙的那種朋友。」

## 我們是醫療服務隊 做的事大部分都跟醫療無關

後來也有人說，名為「見晴醫療服務隊」，但做的很多事，大部分都跟醫療無關。

「今年授袍典禮（醫學生正式穿上白袍進入醫院實習的儀式）的時候，黃琦學長（慈大醫學系九五級、花蓮慈院婦產部住院醫師）跟我們分享他小時候在部落時，也是有慈大的大學生來陪他們，尤其一位醫學系的大姊姊對他的關心，讓他知道自己好好努力也能有不一樣的未來。那時候他也很開心，覺得有一個年紀跟他差不多的人分享事情很棒。」

張凱閎說，聽到黃琦學長的成長經驗，也讓他更篤定見晴醫療服務隊十年來的方向是正確的。「雖然我們現在在醫療、臨床上不能給他們很實質的幫助，但是如果能夠在他們成長、迷惘時，成為一個可以詢問的對象，讓他們可以在我們身上得到想法、或是一些未來方向的參考，都很值得。」「如果有一天，孩子長大了，回想起當他們還是孩子的時候有一群大學生來帶領過他們，如果能夠因為這個原因，讓他們長大之後願意回到部落，就是我們希望看到的。」

二〇一七年下學期的第一次陪伴計畫，大學生們決定帶著小學生們自己製作珍珠奶茶。既然包括大哥哥大姊姊和小朋友，大家都喜歡喝飲料，那麼就自己做飲料最健康！陪伴計畫開始前，隊員開始在「慈濟大學MIHARASI見晴醫療服務隊」的臉書社團裡請求電磁爐支援！「我們需要用到兩個電磁爐來煮珍珠，徵求有電磁爐的朋友們大方出借，我們會用盡生命保護它們的！」除了電磁爐，隊員也募過烤箱等等，並且最後一定都是「我們會用盡生命保護它們的！」當然，通常文一發布馬上就募到了，一直到現在，這群醫學生還是有腦出腦、有力出力、有電磁爐出電磁爐、有烤箱出烤箱。

「這次陪伴計畫在大雨中圓滿結束了！謝謝每一位熱血又風雨無阻的

見晴夥伴！大家真的辛苦了！從一開始空空蕩蕩的見晴國小，到後來歡樂的繪本和桌遊，最後是黑糖不小心加太多的珍珠鮮奶茶，相信除了見晴國小的瀑布外，大家也都留下滿滿的回憶！」二〇一七年的第一次陪伴計畫就如同十年前第一次出隊，雖然下了滂沱大雨，從一開始冷冷清清到後來充滿笑聲，雖然珍珠奶茶加了太多黑糖，但是一路走來，見晴醫療服務隊就是在這樣不斷的失誤和互助之間，調整步伐，創造出美好的回憶，留下每個人全力以赴的身影。

「所以見晴服務隊存在的意義，應該就是陪伴，不只陪伴小孩，也是同學間彼此陪伴。」張凱閎篤定的說。

第九章

# 用耐心等待種子發芽

「只有用心靈才能看得清事物本質，真正重要的東西是肉眼無法看見的。」

——《小王子》聖修伯里（Antoine de Saint-Exupéry, 1900—1944）

見晴服務隊舉辦營隊或陪伴計畫的時間都在假日，活動地點都在見晴國小，每次只要有營隊或活動，就算是假日，當時的教導主任許壽亮都會專程開車到見晴國小幫大學生開教室門、在辦公室陪著他們，也隨時提供協助。陪著見晴服務隊五年時間的許壽亮，現在已經是銅蘭國小校長，銅蘭國小就是見晴服務隊第一年服務的國小。他從事基層教育多年，體悟最深的就是——教育沒有辦法立竿見影，愛與陪伴，給他自信，孩子絕對會改變。

許壽亮是銅門部落的太魯閣族人，父親打鐵製刀養大六個孩子，許壽亮說，父親從他的爺爺手中接過銅門刀後將這個傳統技藝傳承下來，現在八十歲了，已經是銅門刀的「刀王」。他曾問爸爸學刀學多久，爸爸疑惑看著他回：「哪有學？」他很好奇父親難道沒有被爺爺教過？父親說，完全沒有，自己只在旁邊看，看自己的爸爸怎麼磨刀做刀；後來自己摸索著做，再從做的過程中嘗試錯誤，可能會經歷被責罵，然後修正，在修正過程中，就能愈做愈好。

他覺得，不論學校教育、或是慈濟大學見晴醫療服務隊的帶領，只要營造友善良好的氛圍，讓部落的孩子們參與其中，即便表現沒有太好，但只要有環境和機會讓孩子去「看到」，看到大人怎麼解決問題、怎麼跟別人互動，看到別人的作品，慢慢的嘗試表達自己，最後一樣可以接受表揚得到讚同，就是創造好的學習環境和成功的經驗。

## 重新相信自己有力量

住在見晴村一鄰的村長王菊妹，擔任村長已經十幾年，對於這個部落的體質，她很了解，雖然有先天上的不足、有侷限，但也還是有希望、有期待。

### 部落缺的不是資源

王菊妹說，其實現在政府對原住民的照顧、部落的資源已經足夠了，主要幾個福利項目，兒少（失親、單親）有生活補助金，生育也有補助，低收入戶和中低收入戶、身心障礙都有補助，如果這幾項資格都沒有符合的邊緣戶，有一些機構也會定期來發放物資，村里辦公室都會提供資料來補足需求。年紀大的老人家，長照2．0也上路了，獨居長者都會呈報，而學校也有暑期輔導和愛心晚餐提供，其實現在的孩子生活環境確實改善很多。雖然物質生活的照顧已較充足，但是王菊妹卻發現部落孩子的心靈卻更加匱乏而沒有自信，其實最需要的是心靈的輔導。

見晴國小的校長蘇連西，就住在見晴部落隔壁的西林部落。從小家境雖然不好，父母種田，生了七個小孩，卻非常的重視教育。也因此家中的小孩大都相當有成就，不但一個姊姊在當醫師，其他也都在軍公教服務，都有穩定的工作。

蘇連西說，自己讀到國中的時候，父母決定到西部工廠工作、或做板模工，把最小的弟弟帶在身邊，其他的兄姊都在外地讀書或工作，從軍的哥哥假日才會回家，因此他在國中一年級時，就自己一個人在家自力更生，每天煮飯、洗衣、讀書、睡覺。當時沒有零用錢，他還跑到山上去採香蕉、麻竹筍，然後去兜售，賺取生活費。

「如果不能吃苦、不能認真一點，現在就不能坐在這裡了。」蘇連西看著見晴的校園，想起過去生活雖然辛苦，但是卻容易專心的做一件事。雖然現在不比過去，原鄉的孩子成長較慢，但外在資訊刺激誘因多，生活不若他兒時環境那樣單純，如何讓孩子在能夠在原鄉打開視野，又能培養強壯的心念，確實很重要。「這些來的大學生都是醫學系、不同的年級，他們有很好的凝聚力、很有規矩，確實會影響到孩子。這幾年的陪伴計畫，除了課業輔導，還有活動性的陪伴，能夠在假期帶孩子，訓練小朋友假日作息時間的安排，這對家庭的整個衛生環境、醫療保健、家長的加強觀念都有幫助。」蘇連西說，如果沒有這些陪伴，很多孩子在家沒有人管、或老人家管不動，可能就是整夜看電視，也沒有按時進食。

## 改變不了環境　就努力改變自己

「很多單親家庭因為環境問題造成一些小朋友自暴自棄。」村長王菊妹說，部落確實有一些家庭很難輔導，加上隔代教養嚴重，祖父母比較溺愛小孩，反而讓小朋友很多基本的倫理觀念都不見了，隨手亂丟垃圾，不懂感恩，而老人家和小朋友的想法有代溝，很難管教。而這些，都得靠醫學系的哥哥姊姊們幫忙，如果有他們作榜樣，多教孩子一些事，她相信可以讓孩子知道哪些是該做的事。

「譬如要勤儉、要勤勞、要努力、不要忘本。」王菊妹感嘆，這個很像說教，但是就很重要！「他的環境是這樣、改變不了，既然他成長在這樣的環境裡，要成功就要靠自己，將來要怎樣的天空，都要靠自己！」王菊妹覺得現在的孩子比較容易放棄，甚至有的還沒開始做，就想要先做這個之後再做那個，她認為這都是「沒有自信」的表現。這位原住民媽媽，遵循著老一輩的信念，重視倫理、相信不論外在環境如何，都可以靠自己的決心毅力改變。王菊妹認為，如果成長環境與父母都不能改變，自己更要自覺，就算書讀得不好，懂得惜福、願意上進，還是可以成器的。

王菊妹舉例，村子裡有個女孩，升上國中後在學校被排擠，因為她的媽媽總共生了四個孩子，但分別是不同的父親，媽媽沒辦法照顧自己，常常喝酒，這個女孩不喜歡媽媽這樣，但沒辦法，在學校又被排擠，導致有自我傷害的行為，甚至產生要離家的念頭，也經常因為家裡的關係不去上學；經過社工、輔導老師介入，現在已經慢慢穩定下來。「我也請社區的同學多鼓勵她、關心她，現在已經改善很多了。」王菊妹不捨女孩的遭遇，但這就是無法選擇的出身。「我常常跟這個女孩說，既然環境這樣，不能選擇，就應該自己想辦法脫離這樣的模式，很多人關心你，所以想要做什麼，自己也要努力。」

「要獲得智慧必須要靠自己，每個人並不一樣，智慧很高的人，一次就學會，有些人十次才學會，對自己要有自信，需要自己去努力。」村長媽媽說，這些哥哥姊姊，最能給這些孩子的，就是「心靈上的輔導」，只要心正就不會走歪路，若是能夠堅持往自己的興趣走，一定能找到自己的天空。

這些話，似乎是對部落的孩子而說，但又好像也是對著慈大見晴服務隊的成員們所說，在經歷過人生風雨的長者看來，不論是部落的孩子或是慈濟的大學生，都是剛在世界尋找和摸索的孩子，或許還不太清楚人生的目標是什麼，但是若能有堅持努力的態度，一定能找到自己的天空。

## 用心才能看見他的世界

而當年那位曾畫出所有見晴部落學生關係圖的鳳林國中輔導主任李淑婷，現在已經是萬榮國中的校長。李淑婷會對見晴如此熟悉，一則見晴國小畢業的學生，大都進入鳳林國中就讀，再則輔導主任常會接觸霸凌、性騷擾等問題，李淑婷為了弄清楚整個部落、家庭與學校的關係，對社區進行過抽絲剝繭般深刻的了解，在處理事件時，認識了同樣對見晴國小學生瞭如指掌的黎惠梅老師與慈濟大學的賴月蜜老師，因而彼此支援。

李淑婷雖是臺北人，但對於原住民教育並不陌生。她婚後到高雄居住，在高雄任教的第一所學校六龜國中，就是以原住民學生為主體的國中，有許多南橫公路沿線部落的孩子就讀。後來李淑婷移居花蓮，到鳳林國中、又到花蓮縣中途學校南平中學擔任校長，後來轉任萬榮國中，也是一個以原住民孩子為主的學校。

## 不是原住民的問題

李淑婷說，第一次陪老師去見晴部落家訪，在一間非常小的房子前，按了門鈴之後，讀國中一年級的姊姊拉開鐵門，整個家就只有她和小學三年級的妹妹住著，父母都在梨山幫忙種果樹，小孩就這樣靠自己養活自己。那一次家訪給了李淑婷不小的衝擊，但是李淑婷也清楚知道，這樣的情況不是原住民獨有的問題，只要是經濟弱勢的族群，連帶的就是家庭結構的瓦解，進而影響了家庭的健全。

李淑婷一直記得有一次和社工去家訪，當她在找國中學生時，聽到跟她同去的社工在對面家戶一直跟另一位媽媽嘮叨「你要把你小孩顧好呀，晚上不應該讓他亂跑……」當置身事外，聽到這段對話的她有如當頭棒喝，覺得「就像我們在罵學生，跟他講這些不是廢話嗎？」因為她完全了解，家長沒有不想好好照顧小孩，只是常常做不到、或是不知道怎麼做。

也因此，這群慈濟大學的大哥哥大姊姊更顯重要了！「為什麼學生到了國中很容易行為偏差，主要跟課業上的挫折有很大的關係。見晴服務隊就是孩子的伴，最重要的就是一個正向楷模。因為老師對他們來說距離實在太遠，而且，我們對他們來說，真的太愛說教。」李淑婷說：「以他們的生活圈，真的沒辦法接觸到其他太多的人。這些大哥哥大姊姊，就讓他們看到人生有不同的選擇，他們也因此有年齡比較接近的人陪伴。」

## 進入他的世界

對於很多人覺得長年的陪伴，十年前、十年後，小朋友似乎沒有什麼改變，在家庭、社區同樣的環境下，單就醫學生這樣的陪伴是否有其意義？

李淑婷說：「如果只看外表，他當然沒有改變；但是，他的家庭沒有改變、社區結構沒有改變，既然這樣，就更顯得我們的重要！」

會有這樣的體悟，源於她與幾個曾在學校的「頑劣分子」——霸凌同學、有恐嚇取財前科而受保護管束處分的學生「交手」後，發現這些在大部分老師眼裡幾乎都快要放棄的孩子，卻在幾個小地方，讓她發現孩子的另一面。

有一次她正在整理圖書館，發現某一位「頑劣分子」在門口抽菸，她便請這位學生跟她一起排書。她請學生協助簡單分類，將同樣書背的書放在一起，後來她發現這個九年級的孩子雖然不愛看書，卻很愛看電影，圖書館裡電影的翻譯小說，他都從四散的書堆裡挑出來放在一起，包括《飢餓遊戲》、《納尼亞傳奇》、《我的冠軍女兒》等等，李淑婷就請他負責整理電影翻譯小說和愛情類的書籍，進一步發現他會舉一反三，主動把相同的書、相同顏色的書背放在一起，之後又陸續跟著她整理了好幾次。

李淑婷把這個發現告訴學校老師，老師認為因為學生只喜歡動手不喜歡動腦，但李淑婷說：「那個不只動手，他們其實分類的時候就動腦了，而且之前老師也覺得他們不主動，但是主動分類，這些都是主動。」

而學校孩子喜歡亂發脾氣，尤其國中生血氣方剛，導致教室裡的打掃用具都變成武器，幾乎缺的缺、壞的壞，有一次李淑婷請學生將打掃用具全部拿出來放在草地上篩選整理，其中一位也是老師頭痛人物的孩子，仔細的研究怎麼捲水管才能將水管捲得最漂亮，在大太陽下反覆的嘗試各種捲法，額頭都不斷冒出汗珠仍沒有放棄，李淑婷問他是誰請他這麼做的，這個孩子回答，是自己想要這麼做。

經過了這幾件事，李淑婷頗多感慨，「如果我只是平常巡堂，我一定覺得學生什麼改變都沒有，因為我還是只會看到壞掉的掃把和他們罵髒話，但是因為我和他們整理圖書館、整理打掃工具，會看到他們的另一面。」李淑婷說，之前在中途學校收容的學生，都會安置兩年，學生離開前，她都會問：「這兩年，在這裡對你幫助最大的是什麼？」結果都出乎想像，多數的人最大的收穫，都是他們學會釐清自己的情緒，學會怎麼跟家人講話；但是如果以行為來說，他們出去之後一樣會跟朋友去喝酒、一樣會抽菸。因為這些就是他們的生活圈。

「所以如果都是用行為來看，好像真的都沒有改變；我們怎麼能今天只有運動十分鐘，就想要擁有六塊肌？」李淑婷認為最重要的，「不是服務隊付出的不夠多，而是你到底要看到什麼？不是只在我們的世界中看到，而是有沒有進入他的世界，看到他的改變。」

## 陪伴的力量

「不論孩子有沒有改變，還是應該回到最初設定的目標。」李淑婷說，如果是國中生，生活上遇到困難，或許還可以彼此傾訴，但是對於小學生來說，因為他們真的很小，非常需要呵護，能仰賴的人不多，因此，慈濟大學這些大哥哥大姊姊對他們的「陪伴」格外的重要。

而這些用心來陪伴的大哥哥大姊姊，也可以從「給予」的角色逐漸轉為請他們「承擔」。李淑婷說，即使小學生，也是有規畫能力；譬如營隊活動，若有些能讓參加的小朋友來參與活動規畫，可以多給他們刺激，增能（增強家庭的能力）就是在點滴中培養起來，讓孩子們看到大哥哥大姊姊怎麼解決問題、怎麼討論、怎麼互動，在過程中讓力量變強。

二〇一七年十月二十八日，一早溫暖的陽光露臉，好天氣讓下學期的第一次出隊有個好兆頭。這次約有四十五個人參加，因為報名踴躍，這些大學生都是抽籤抽到的「幸運得主」，自然更想好好表現一番。一進入校園，馬上跟小朋友一起做早操，每年的早操歌都是下一次營隊的主題歌，早操也是大家熱身打開心胸時候，秋天的陽光灑在大家臉上，學長姊帶著第一次參加的「哥哥姊姊新鮮人」和小朋友們認識，有面試的感覺，大學生比小學生更緊張！

營隊有小朋友最喜歡的玩遊戲，當然也有主題。這次的主題主要還是「菸檳防治」，慈大的大哥哥有演抽菸的人、還有大哥哥反串扮成吸到二手菸的女生、穿上大胸部裙子頭戴麋鹿角，逗趣誇張的模樣惹得小朋友們笑得東倒西歪，這些都是在出隊前的幹訓，大家腦力激盪的成果，希望在嘻笑逗趣中，讓感覺有一點點嚴肅、有一點點嘮叨卻是很重要的健康概念，可以從觀念，變成保護自己的習慣。

除了戲劇表演，也帶領小朋友們用畫畫的方式，認識自己的肺部還有其他組成身體的器官，同時也要認識香菸的每一種成分，小朋友們畫好後上臺分享自己的繪畫作品。

這十年來，檳榔菸酒防治持續在校園裡不斷宣導，不說教、不恐嚇，而是在反覆叮嚀時推陳出新，以更有趣的方法，每一次點點滴滴的努力，都希望能將一生受用的觀念，讓孩子們自然的放進心裡，跟著小朋友一起成長茁壯。

「這樣的好天氣，
怎麼能沒有你。
誰為誰的每一天都放晴，
等待著好天氣，
再次的遇見你……」

營隊結束，服務隊用歌手韋禮安的歌曲〈好天氣〉，為美好的影像留下紀錄。每個人都是小太陽，都能為別人帶來好天氣、好心情；每一次的相遇，不是為了離別，而是為了下一次的重逢。

第十章

# 追尋晴天的旅程
# 起始於愛，終究是愛

「多給她愛。補充 Vitamin L (love)。」

——安芳蓮醫師（Dr. Florence On, 1943—2007）

來自加拿大的小兒科醫師安芳蓮，從小立志學醫，一九八二年在馬來西亞難民營服務時，遇見在臺東基督教醫院服務的美籍醫師，開啟了與臺灣的不解之緣，她在臺東行醫二十二年，不但不支薪，還自掏腰包幫貧苦病人繳醫藥費。

除了在醫院照顧病人，安醫師最喜歡到山區做巡迴醫療，但為了維持她的醫師資格，必須如候鳥般在加拿大和臺灣之間，每半年一次的遷徙與旅行，而在臺灣的生活就以半年在家鄉賺取的薪水維持開銷。安醫師曾經親自帶著一名腦膜炎的小病患在深夜直奔花蓮慈濟醫院，等到孩子獲得安置，她才拖著疲憊的身影返回臺東。安芳蓮醫師最知名的處方，就是在小病人的病歷上註明「多給她愛」與「補充維他命『愛』」。二〇〇五年安醫師在加拿大被診斷出罹患子宮內膜癌三期，二〇〇七年安醫師結束了她在世上六十四年的傳愛旅程，家人依照遺囑，將安醫師的骨灰安葬在臺東，候鳥醫師旅行的終點，歸於她一生至愛之地。

如果說真正的旅行者絕對不會偏離自己的目的地，那麼在二十一世紀的臺灣，也有一群頂尖的醫學生，從平原走入山裡，從城市走入鄉野，在這裡展開了他們漫長的旅行。他們的目的不在遠方，而是一個他們所未知的、截然不同的世界，那裡有歡笑、有晴天，也有他們難以理解的人生和世態。

「我從來沒看過野生青蛙，也沒看過滿天星星。」在都市長大的蔡斗元仍記得，十九歲那一年，在翻過中央山脈，抵達山腳下的原住民部落時，第一次看到野生青蛙和滿天星光的驚訝，無以名狀的感動。二〇一六年，他走過非洲布吉納法索的黃土；二〇一七年，在北歐最靠近北極的挪威看過極光，但是最想念的還是二〇〇七年，東臺灣的星空，還有比星空更亮的、部落孩子的眼睛。儘管現在因為家庭的關係留在西部工作，平均一兩個月就往返一次花蓮的蔡斗元，仍關心著見晴服務隊和這個部落。他期盼著有朝一日，可以回到花蓮，做他喜歡的工作，幫助東部的孩子，一方面能再帶領醫學系的學弟妹，將服務隊做得更有制度、深度與廣度。

而一直覺得沒有好好跟部落孩子說再見的陳苡靜，自傳上永遠寫著「遠程目標是回花蓮工作。」現在她依然勇往直前的選擇她最愛的兒科，並在北部一間有兩百床兒童病房的大型醫院擔任住院醫師，期望有一天，將自己鍛鍊好了，可以回到花蓮，親自為這些孩子守護健康。

九三級的連子賢，如今在南部某家大型醫院擔任家醫科主治醫師，她是科裡甄選住院醫師的面試者之一，當她在翻閱住院醫師自傳群中，看到一位服務經歷寫著「慈濟大學見晴醫療服務隊」，連子賢忍住微笑，心裡想，就是他了！

法籍醫師史懷哲在赤道非洲喀麥隆的蘭巴倫納（Lambarena）建立醫院，服務蠻荒長達三十五年，一九五三年當他獲得諾貝爾和平獎時，記者問他：「什麼才是有價值、有意義的人生？」史懷哲說：「有工作可做，有對象可愛，有希望可想。」

憑著青春的莽撞率性，真心熱情，一群醫學生走入原住民部落，展開一場為時十年的壯遊。他們走進學校，為部落的孩子打開世界，走進社區、家庭，走進孩子的心，長長的旅程，沿途都是未曾看見的風景，他們在這裡跌倒、站起，在這裡被拒絕、然後被需要，也在這裡認識自己、變得柔軟而強壯，認識了以前所沒看過的世界。他們在這裡長大、成熟，他們終於知道，只要做對的事，儘管是一件小事，世界也會因此改變，包括自己的，以及他人的世界。

牛光宇曾說，見晴服務隊讓他對這塊土地有了不一樣的感情，感覺有了「責任」，覺得自己不再是一個過客，而是努力成為這裡的一分子。而畢業之後，從花蓮到臺北，再到南太平洋的吉里巴斯，又回到臺北、最後再決定離開臺北的牛光宇，終於在畢業近十年後，回到花蓮。他還是一位急診醫師、一樣在三更半夜值班、在電光石火之間搶救生命，儘管醫療崩壞，醫病關係緊張，位於第一線的急診，牛光宇沒有抱怨。牛光宇相信就如見晴服務隊教給他們的，「如果我們永遠以自己的角度思考，永遠只能抱怨，不會理解，也不會開心。除了抱怨之外，如果能換個心念，把自己當成全世界的人才，就能持續的進步。」

當初老師王英偉醫師常常講一個撿海星的故事，這也成為醫學系學生都聽過的故事。一對父子走在沙灘上，父親沿路將被海浪打上岸的海星丟回海裡，孩子問父親，每次被沖上岸的海星這麼多，把這幾個海星丟進海裡有什麼意義？父親微笑回答他：「或許對其他的海星沒有意義，但是對我手裡這個海星，牠的生命從此不同。」

「看見晴天醫療服務隊」，從懵懵懂懂邁出了第一步，走過迷惘，走過失敗，也走過每一次感動，十年之後，一棒接一棒，故事仍在進行。牛光宇說：「雖然不要給自己多麼偉大的理想，但也不要小看自己，當很多小改變一起完成的時候，巨大的改變就會發生。」

「真正幸福的人，是那些已經開始尋求並知道如何服務他人的人。」

——阿爾伯特・史懷哲醫師（Dr. Albert Schweitzer, 1875—1965）

國家圖書館出版品預行編目資料

校園裡長出了一棵向日葵：慈濟大學見晴醫療服務隊十年 / 吳宛霖著. -- 初版. -- 臺北市：經典雜誌, 慈濟傳播人文志業基金會, 2018.07
240面；21x15公分
ISBN 978-986-96609-0-7(平裝)

1.高等教育 2.醫療服務

525.39 107009023

# 校園裡長出了一棵向日葵

## 慈濟大學見晴醫療服務隊十年

作　　者／吳宛霖
發 行 人／王端正
總 編 輯／王志宏
企畫編輯／曾慶方、楊金燕
叢書主編／蔡文村
叢書編輯／何祺婷
美術指導／邱宇陞
美術編輯／黄昭寧
插　　畫／Kaixin Chen
出 版 者／經典雜誌
　　　　　財團法人慈濟傳播人文志業基金會
地　　址／台北市北投區立德路二號
電　　話／02-2898-9991
劃撥帳號／19924552
戶　　名／經典雜誌
製版印刷／禹利電子分色有限公司
經 銷 商／聯合發行股份有限公司
地　　址／新北市新店區寶橋路235巷6弄6號2樓
電　　話／02-2917-8022
出版日期／2018年7月初版
定　　價／新台幣320元


ISBN 978-986-96609-0-7(平裝)
Printed in Taiwan

[醫療]
MEDICAL
[人文]